2

—

거짓말의 정치학,
정치인의 거짓말

너무나 친숙한(?) 인간의 거짓말

—

누구나 거짓말을 한다. 악의 없는 가벼운 거짓말도 있고, 선의를 위해 어쩔 수 없이 하는 거짓말이나 엄청난 파장을 부르는 위험한 거짓말도 있다. 흔히 말하는 '3대 거짓말'은 전자에 속한다. '늙으면 죽어야지'(노인), '절대 시집 안 가'(노처녀), '밑지고 파는 것'(장사꾼) 등의 말은 크게 누구를 해롭게 하지 않는다. 요즘은 이런 말조차 낯설다.

아무튼 비슷한 유형으로 과거에 동네 중식당에 배달 주문을 한 뒤 확인 차 다시 전화를 걸면 항상 대답은 "방금 출발했다"였다. 면을 이제 막 뽑기 시작해도 마찬가지다.

순위나 내용은 조금씩 다르지만 거짓말 리스트엔 언제

나 정치인이 등장한다. 그것도 상위권이다. 가령 대통령(후보)이 "국민을 제일 먼저 섬기겠습니다"(1위), 비리혐의 정치인이 "단 한 푼도 받지 않았어요"(2위)라고 말하는 식이다.

이에 비하면 선의의 거짓말도 있다. 힘겹게 정상을 향해 오르는 등산객을 향해 하산하는 사람들은 언제나 "조금만 가면 정상입니다. 힘내세요"라고 말한다. 그것도 환하게 웃는 얼굴로 말이다. 그 말만 믿고 다시 힘내서 가는데 가도 가도 끝이 없다. 나중에 알고 보면 포기하지 말고 힘내라는 격려를 돌려서 한 말이다.

영국의 사회학자 라크만에 따르면 10분간 대화하는 동안 피실험자 60% 이상이 최소한 한 번씩 거짓말을 하는 것으로 나타났다. 심지어 연인이나 어머니와 나눈 대화도 3분의 1이나 절반은 거짓말이었다고 한다. 또 미국의 한 연구결과에 의하면 미국 학생들은 평균적으로 하루에 두 번, 일반인들은 한 번 이상씩 거짓말을 한다고 한다.

또 다른 연구는 훨씬 더 빈도가 높다. 1997년 미국 캘리포니아대학 연구에 따르면 사람은 8분에 한 번꼴로 하루에 200번의 거짓말을 한다는 조사결과를 발표하기도 했다.

이쯤 되면 거짓말도 우리 일상의 한 부분이라 할 만하다. 심지어 동물들도 자신의 잘못을 다른 동물들에게 뒤집어씌우는 등 거짓을 행한다는 연구결과도 있다.

아무튼 이런 종류의 거짓말은 대부분 가볍게 웃어넘길 수 있는 소소한 것들이며 다른 사람들에게도 심각한 피해를 주지 않는 점이 특징이다.

그런데 거짓말의 주체가 정치인이나 고위관료, 기업인 등으로 확장되면 얘기는 전혀 달라진다. 기업(인)이 실적이나 경영지표를 속이는 것은 심각한 범죄다. 거짓말에 따른 피해도 엄청나다. 경제사범들의 분식회계나 배임횡령 등을 엄하게 다스리는 것도 이런 이유에서다. 정치인도 다르지 않다. 특히 영향력이 큰 정치인의 거짓말은 위험성도 함께 커진다.

우스개로 풀어본 정치인과 거짓말

—

정치인과 거짓말은 매우 밀접한 관계를 지닌다. 동서고금이 다르지 않다. 동양에서는 권모술수로 부르고, 서양에서는 마키아벨리즘으로 칭한다. 목적 달성을 위해서 과정과 절차는 쉽게 무시된다. 최종 승자가 결국 선善이 되는 승자독식의 구조다. 그래서 정치인들의 발언이나 주장이 사실과 크게 달라도 '으레 그러려니' 치부하고 만다. 일종의 내성이다.

'정치인이 거짓말 하는 때는 언제일까'라는 제목의 영어 유머가 있다. 이런 내용이다.

- 정치인은 늘 거짓말만 내뱉는다는데, 그것은 사실이 아니다.
- 정치인들이 지금 거짓말을 하는 중인지 아닌지를 알고 싶다면 그들의 보디랭귀지를 이해해야 한다.
- 정치인이 본인 코를 만지고 있을 때는 거짓말을 하고 있는 것이 아니다.
- 정치인이 본인 귀를 잡아당기고 있을 때는 거짓말을 하고 있는 것이 아니다.
- 정치인이 자기 가슴팍을 긁적이고 있을 때는 거짓말을 하고 있는 것이 아니다.
- 정치인의 입이 움직이기 시작할 때 그때 그는 비로소 거짓말을 하고 있는 것이다!

결국 정치인은 입만 열면 거짓말을 한다는 말이다.

또 다른 우스개도 있다. 미국의 어느 신문이 "우리나라 정치인 가운데 반은 거짓말쟁이다"라는 기사를 실었다가 거세게 항의를 받았다. 그래서 이 신문이 정정 보도를 냈는데 그

내용은 "우리나라 정치인 가운데 반은 거짓말을 하지 않는다"
는 식이다.

국내에서도 비슷한 사례는 쉽게 찾아볼 수 있다.

SBS 프로그램 '힐링캠프'에 타인의 시선을 불편해하는 16살
양준하 군이 등장했다. 그런데 이 학생의 꿈은 대통령이 되는
것이었다. 이 말을 들은 방송인 김제동은 "대통령이 되면 국
민이 위험에 처한 걸 누구보다 더 빨리 감지할 수 있을 것이
다. 근데 그렇게 호락호락하지는 않을 것이다. 거짓말 잘하느
냐? 좀 뻔뻔한 편이냐? 잘하는 편이 아니라면 정치인이 될 가
능성이 낮아진다. 정치인이 되면 너무 괴로울 것이다"라고 충
고한다. 이처럼 정치인과 거짓말은 어느 사회에서나 불가분
의 관계로 인식되고 있다.

학자들이 말하는 정치인과 거짓말

—

정치인과 거짓말의 상관관계에 대해서는 많은 철학자들도 관
심을 기울였다. 고대로 거슬러 가면 플라톤이 "진리와 정치는
서로 다른 것이므로 양립할 수 없으며, 전자가 후자를 종속하
는 것이 바람직하다"는 견해를 밝힌 바 있다. 같은 맥락에서

플라톤은 '고상한 거짓말'Noble Lie이라는 범주를 정치적 수단으로 제시하면서 거짓말의 정치적 효용성을 인정했다.

근대로 오면 마키아벨리가 《군주론》에서 "군주가 스스로 뱉은 말을 지키고, 재주를 피우는 대신 정직함으로 다스린다면 그것이 참으로 칭송받을만한 일이라는 것쯤은 누구나 알고 있다"며 비아냥거린다. 정치인의 행태가 전혀 그렇지 않다는 것을 세상이 다 알고 있다는 말투다.

라스웰은 동서고금의 유명 정치인들에게서 공통적으로 드러나는 특징을 추려내 '정치적 인간'(호모 폴리티쿠스)으로 개념화했다. 크게 5가지 정도로 요약할 수 있다. ①권력 획득에 주력하고, 다른 가치들은 수단으로 추구하며 ②만족할 줄 모르는 권력욕을 지녔고 ③공동체나 타인이 아닌 자신만을 위해 권력을 추구하며 ④권력에 영향을 주는 과거 역사와 미래 가능성에 주목하며 ⑤권력욕 충족에 필요한 기량과 능력을 충분히 갖추고 있다고 분석했다.

이에 반해 막스 베버는 정치를 본업이며 전업으로 하는 사람을 '직업적 정치인'으로 규정했다. 베버가 규정한 '직업적 정치인'에는 크게 두 가지 유형이 있다. '정치로 사는 사람'과 '정치를 위해 사는 사람'이다. 전자는 생계형이고, 후자는 대의 추구형이나 권력 향유형으로 다시 세분화된다.

이처럼 학자에 따라 정치인을 개념화하고 정의하는 것은 차이가 있지만 바탕에 깔린 인식에는 공통점이 있다. 정치인이 목적을 달성하기 위해 거짓말을 필요악처럼 인정하는 논리가 대부분이라는 것이다.

여기에는 상당한 위험요소가 내포돼 있다. 정치인과 거짓말을 불가분의 관계이자 필요악처럼 인정하는 풍토가 확산되면 정치에 대한 신뢰가 떨어지는 것은 물론이고, 적극적인 검증을 위한 시도조차 하지 않게 되기 때문이다.

앞서 사례를 통해서도 살펴봤듯이 정치인의 거짓말이 지닌 위험성은 함부로 방치하기엔 너무 파장이 큰 사회적 폭탄이다. 폭탄제거반이 반드시 필요한 이유다.

과학으로 풀어본 정치인 거짓말

—

지난해 10월 〈사이언스 데일리〉 등 외신에 흥미로운 과학소식이 실렸다. 거짓말은 할수록 늘고, 갈수록 커진다는 것을 과학적으로 입증한 연구결과였다. 뇌영상 촬영을 활용했다. 사람의 뇌에는 부정직한 행동을 꺼리는 제동장치 같은 역할을 하는 부위가 있는데 거짓말을 반복하면 이 제동력이 점점 줄어든다는 것을 실험으로 입증한 것이다. 연구팀은 이러한 결과가 제멋대로인 정치인이나 부패한 금융업자, 연구결과를 조작하는 과학자, 충실하지 못한 배우자 등이 왜 엄청난 거짓말을 서슴없이 하는지를 과학적으로 설명해준다고 말했다.

연구팀은 18~65세 자원자 80명에게 '거짓말-보상 게임' 실험을 하며 이들의 뇌상태 변화를 촬영 분석했다. 거짓말은 뇌 측두엽 안쪽에 있는 편도체와 관련이 있는데 실험 결과 처음에는 작고 하찮은 거짓말이나 부정직한 행동을 해도 뇌 편도체 활동이 급증했다. 편도체는 정서적으로 '찔리게끔' 함으로써 다음 거짓말을 쉽게 할 수 없게 제동을 거는 역할도 수행한다.

그런데 그 다음 거짓말을 할 경우에는 편도체 활동량이 줄어드는 것이 확연했다. 제동력이 그만큼 약해지면서 더 큰 거짓말을 할 수 있게 되는 것이다.

물론 이 실험을 곧바로 현실세계에 대입하는 것은 무리라는 것이 연구진의 설명이다. 그럼에도 불구하고 부정직한 행동을 할 때 편도체 반응과 활동량이 달라진다는 점을 실증적으로 보여준 것은 큰 의미가 있다는 평가다.

다른 실험도 있다. 안면근육의 미세한 움직임을 통해 감정 상태를 분석하는 '얼굴 움직임 해독법'FACS, Facial Action

Coding System이다.

이 원리를 만든 폴 에크먼 교수는 "사람들이 거짓말할 때는 누구에게나 미세한 표정변화가 생긴다"고 한다. 이를 뒤집어보면 말하는 사람의 표정을 잘 살피면 거짓을 말하는지 아니면 진실을 말하는지 알 수 있다는 의미가 된다.

뇌영상을 촬영하는 것이나 안면근육을 살피는 것은 도저히 숨길 수 없는 인간의 변화를 읽어내는 과학기술이라 할 수 있다. 범죄수사에 이런 기술이 도입되고 있는 것은 물론이다.

'얼굴 움직임 해독법'을 통해 미국 대선에서 후보자들의 발언을 분석한 결과도 있다. 도널드 트럼프 당시 공화당 후보가 멕시칸, 불법이민자, 한국 등에 대해 공격적인 발언을 할 때 그의 표정은 '거짓'으로 나타났다는 것이다. 흔히 트럼프의 막말이 무심결에 나온 것으로 여기지만 실제로는 대부분 전략적으로 계산된 발언이었다는 것이다.

힐러리 클린턴이 이메일 스캔들에 대한 사과 발언을 할 때 '거짓'으로 분석된 것도 흥미롭다. 놀라운 것은 이런 분석도 거짓말에 익숙한 정치인들에게는 종종 오류를 일으킨다는 점이다. 이들에게는 거짓을 말하면서 얼굴에서 표정이 사라지는 경향이 나타난다고 한다.

한편, 표정보다 정확도가 더 높은 것은 웃음인데 '진짜 웃음'

미국 팩트체킹 사이트 '폴리티팩트'의 생방송 화면.

과 '거짓 웃음'은 확연히 차이가 난다고 한다. 가령 가짜 웃음은 입은 웃어도 눈은 웃지 않는 식이다. 흥미롭게도 트럼프는 진짜 웃음을, 힐러리는 가짜 웃음을 지은 것으로 나타났다고 한다. 더욱 놀라운 사실은 '거짓 웃음'과 '진짜 웃음'에 대해 대부분의 사람들이 본능적으로 구분해 낸다는 것이다. 따라서 진짜 웃음에 더 호감을 나타내고, 가짜 웃음에 거부감을 느끼게 된다고 한다. '얼굴 움직임 해독법'을 활용해 미국 대선을 예측했다면 트럼프 당선이라는 결과에 대한 놀라움과 경악이 덜하지 않았을까?

전쟁과 거짓말

—

지금까지 거짓말을 둘러싼 다양한 견해와 폐해를 언급했지만 한 가지 예외 상황이 있다. 다시 말해 거짓말이 허용되는 경우라는 의미다. 과연 언제 거짓말조차 용인될까. 바로 전쟁이다.

전쟁이 가져오는 파급력이 워낙 크기 때문에 웬만한 거짓말도 작게 보이는 일종의 '착시현상'이 있다. 때론 이런 착시현상을 넘어 적을 잘 속여서 대군을 물리치면 역사의 영웅으로 기록되기도 한다. 동서양을 막론하고 이런 영웅담은 쉽게 찾아볼 수 있다.

소설 《삼국지》의 적벽대전에서 제갈공명이 속임수(짚을 실은 배)로 조조 진영으로부터 하루아침에 10만여 개의 화살을 얻었다는 내용이나, 그리스가 트로이와 10년 전쟁을 치른 끝에 마침내 승리할 수 있게 된 결정적인 배경이 속임수(목마)였다는 점이 대표적이다. 수적 열세를 한순간에 뒤집고 승리를 얻는 결정적 계기가 속임수였던 셈이다. 우리 역사에서는 수나라 백만대군을 물리친 고구려 을지문덕 장군의 살수대첩이 대표적인 예로 꼽힌다. 가깝게는 2차 세계대전 당시 노르망디 상륙작전이 꼽힌다.

1944년 6월 미국군, 영국군을 주력으로 한 8개국 연합군이 당시 독일이 점령하고 있던 노르망디 해안에 사상 최대의 상륙작전을 감행했다. 동원된 병력만 무려 15만 6천 명으로 추산됐다. 당시 노르망디 해안을 지키던 독일군은 1만여 명에 불과했다.

이 작전의 성공에는 치밀하게 준비된 기만술인 암호명 '보디가드 작전'이 결정적 기여를 한 것으로 평가된다. 보디가드 작전은 노르망디 상륙작전에 쏠릴 수 있는 독일군의 관심을 전혀 다른 곳으로 돌리는 역할을 했다. 독일군의 경계심을 완전히 허물기 위해 다양한 속임수가 동원됐다. 노르웨이 상륙작전을 펼칠 것처럼 기만하거나, 프랑스 칼레 지역으로 상륙할 것처럼 속인 것이 대표적이다. 특히 칼레 상륙작전을 실제처럼 믿게 하기 위해 미군은 가짜 건물을 만들기도 했고, 영국군은 허위로 라디오 메시지를 송신하기도 했다.

더욱 확신을 심어주기 위해 칼레에 집중 공습을 감행하기도 했고, 프랑스 남부에 상륙작전을 할 것처럼 꾸미기도 했다고 한다. 이처럼 실제 작전인 노르망디 상륙작전을 위해 모두 다섯 가지 거대한 속임수가 다채롭게 진행됐고, 결국 이것이 먹혀들어 2차 대전의 성패를 가른 것으로 평가된다. 전쟁에서 속임수가 얼마나 비일비재하게 진행되는지 알 수 있는 대목이다.

베트남 전쟁에서도 조작과 속임수가 펼쳐졌다. 이른바 '통킹만 사건'(1964년)이다. 베트남전에 개입하기를 원했던 미국은 베트남 동쪽 통킹만에서 북베트남 경비정과 미군 구축함 사이에 해상 전투가 벌어졌다고 밝히고 이를 전쟁개입의 명분으로 삼았다. 미국 하원은 이른바 '통킹만 결의안'을 채택했고 이를 근거로 본격적인 개입이 시작됐다. 그러나 나중에 '통킹만 사건'에 대해서 미국에 의한 조작설이 계속 제기됐고, 베트남전 당시 국방장관이던 로버트 맥나마라 역시 자신의 회고록에서 자작극이었음을 고백했다. 전쟁을 위해 온갖 속임수가 동원되고 정치가 이를 뒷받침하는 악순환이 반복된 것이다. 그래서일까? 모택동은 "정치는 피를 흘리지 않는 전쟁이고, 전쟁은 피를 흘리는 정치"라고 말했고, 《손자병법》 〈시계〉始計 제1편에는 아예 '전쟁은 속임수다'兵者詭道也라고 규정하기도 했다.

정치인 목에 방울을 달자

—

정치인의 거짓말이 우스개나 코미디 소재 정도로 그치면 무척 다행스러운 일이다. 가뜩이나 퍽퍽한 삶에 잠깐이나마 웃음을 줄 수 있으니 말이다. 불행하게도 정치인의 거짓말은 그렇게 간단한 문제가 아니다. 가볍게 치부하고 넘어갈 일도 아니다.

왜냐하면 그 파장이 실로 엄청나기 때문이다. 정치인이 가진 권력의 크기가 클수록 거짓으로 인한 후유증이나 파장도 커지는 점은 더욱 불행한 일이 아닐 수 없다. 정치인 거짓말의 치명적 위험성을 보여주는 대표적 사례로 이승만 대통령이 자주 회자된다.

6.25전쟁이 발발한 지 며칠 지나지 않은 시기에 있었던 일이다. 서울시민들은 피난을 가야 하는지 아니면 남아서 상황을 지켜봐야 하는지 알 길이 없는 상태였다. 그런데 그때 구원의 목소리가 들린다. 6월 27일 저녁부터 들린 이승만 당시 대통령의 육성 방송이다. 내용은 이렇다.

"서울시민 여러분, 안심하고 서울을 지키시오. 적은 패주하고 있습니다. 정부는 여러분과 함께 서울에 머물 것입니다."

하지만 이 방송은 당일 새벽 가장 먼저 대구까지 도망갔던 이승만 대통령이 대전으로 올라와 녹음한 뒤 송출한 거짓 방송이었다. 이것만이 아니다. 거리에서는 미군이 참전해 인민군이 곧 물러날 것이라는 가두방송이 계속됐다. 피난길에 나섰던 시민들 가운데 많은 사람들은 방송을 듣고 집으로 되돌아갔다. 그러나 바로 다음날 한강 인도교와 철교, 광장교마저 파괴됐다. 서울을 빠져나갈 유일한 통로가 끊겨버린 것이다. 이로 인해 100만 명 가까운 서울시민들은 9월 28일 서울 수복 때까지 꼼짝없이 남아 있어야 했다. 그리고 서울은 인민군 수중에 들어갔다. 나중에 서울 수복 후 서울에 남아 있었던 시민들은 인민군 부역자를 색출한다는 명분 아래 또 다른 고통을 겪어야 했다. 국민을 버리고 도망갔던 그리고 거짓 방송까지 했던 대통령은 사과 한 마디 없었다.

너무 멀리까지 갈 필요도 없다. 가깝게는 지난해 '최순실 게이트'에서 우리 국민들은 최고 권력자와 그 주변의 거짓말과 그로 인한 후유증이 우리 사회에 얼마나 큰 재앙인지 생생하게 목격한 바 있다. 비단 '최순실 게이트'만의 문제는 아니다. 역대 정권마다 크고 작은 권력형 비리가 등장했지만 그 과정에서 정치인들이 제대로 인정하는 경우는 찾아보기 힘들었다.

처음에는 대부분 사실이 아니라고 우기고 버티다가 나중에 물러설 곳이 없을 때가 돼서야 사과하는 수순을 밟았다. 당연히 사태는 걷잡을 수 없을 만큼 커진 다음이고 국민들이 겪게 된 절망과 분노는 극에 달한 뒤였다.

이처럼 정치인의 거짓말은 일반인이 생활 속에서 악의 없

이 행하는 거짓말과 차원부터 다른 것이다. 그렇다면 누군가
는 이를 추적하고 검증하는 역할을 반드시 해야 하지 않을까.
말하자면 폭탄(정치인 거짓말)제거반이 필요하다는 의미다. 이
를 위한 수단이 '팩트체킹'이다. 정치인 목에 달아놓은 '거짓
말 탐지기'에 비유될 수 있다. 어떤 이는 언론이 위험을 미리
감지해 알려주는 지진감지계 같은 역할을 해야 한다고 말한
다. 명칭은 어떤 것이 됐든 바로 이런 인식에서 출발한 것이
팩트체킹(사실검증)이다. 이를 전업으로 삼는 사람들을 우리는
팩트체커(사실검증 전문가)라고 부른다.

3

—

팩트체킹이란
무엇인가

사실검증? 사실확인? 닮은 듯하지만 다르네

—

팩트체킹이란 정치, 사회, 문화 전반에 걸쳐 영향력을 행사하는 여론 주도층 인사의 의미 있는 발언을 심층 분석해 옳고 그름을 가리는 것이다. 대통령부터 국회의원, 시도 교육감에 이르기까지 모든 선출직 공직자와 여론 주도층 인사가 그 대상에 포함된다. 특히 주요 정치인의 발언과 주장에 대한 검증에 많은 비중을 둔다. 앞서 봤듯이 그 영향력이 엄청나기 때문이다. 이를 미국 등에서는 '정치적 사실검증'이라 부르기도 한다.

아무튼 팩트체킹은 단순히 사실관계를 '확인'하는 차원이 아니다. 참과 거짓을 분명하게 '판정'하는 데 초점을 두고 있다.

따라서 흔히 언론계에서 말하는 '사실확인'보다는 좀 더 전문적이고 깊이 있는 '검증'을 의미한다. 영국의 한 대학 교수는 '사실검증'을 뛰어넘는 '진실검증'Truth Checking이라고 부를 정도다. 하지만 지금 세계적으로 통용되는 공식 용어는 '팩트체킹'이다. 따라서 우리말로는 '사실검증'으로 옮기는 것이 가장 적절한 표현이라 생각된다.

팩트체킹을 언론의 본질적 기능으로 보면 그 뿌리는 매우 오래되고 깊다. 하지만 주요 정치인들의 발언을 깊이 있게 검증하는 방식은 미국 대선 시기를 전후해 싹이 트기 시작했다. 언론 학자들은 팩트체킹이라는 용어가 본격적으로 등장한 때를 1988년 미국 대통령 선거를 즈음한 시기로 본다. 실제로 1988년 ABC 방송 저녁 뉴스 자료화면을 보면 선거에 대한 보도를 하면서 'The Facts'라는 용어를 사용하고 있다.

아무튼 1988년 미국 대선은 미국뿐만 아니라 전 세계 저널리즘이라는 측면에서도 많은 시사점을 안겨줬다. 당시 공화당 후보였던 조지 부시George H. W. Bush는 경쟁자인 민주당 마이클 듀카키스 후보에 대해 시종일관 네거티브 캠페인을 펼쳤다. 환경, 군비, 세금정책 등을 다루면서 상대 후보를 끊임없이 공격했고, 그 결과 대통령에 당선됐다.

그러나 후유증이 컸다. 네거티브가 얼마나 심했는지 선거가

1988년 ABC 방송 저녁 뉴스에 이미 'The Facts'라는 용어가 등장했다.

끝난 뒤에도 캠페인의 진실성이 계속해서 문제가 됐을 정도다.

당시 언론의 태도 역시 논란이 됐다. 선거캠프의 이 같은 주장을 별다른 검증조차 하지 않고 그대로 반영하면서 여론을 왜곡하는 데 일조했기 때문이다. 이때부터 언론계 내부에서도 자성의 목소리가 나오기 시작했다. 반성의 결과일까? 1992년 대통령 선거에서는 조금 다른 양상이 나타났다. 구체적인 검증시도가 시작된 것이다.

CNN 기자였던 브룩스 잭슨Brooks Jackson이 최초의 체계적인 사실검증 서비스를 선보였다. 정치광고에 대한 검증을 하는 'adwatch'와 정치인 발언을 검증하는 'factcheck' 코너가 그것이다. 브룩스 잭슨은 나중에 에넌버그 공공정책센터에 참여해 2003년 팩트체크 오알지(FactCheck.org)를 만드는 데에도 일조했다. 아무튼 1988년, 1992년, 1996년, 2000년 대선을 거치면서 미국 언론계에서는 정치인 발언에 대한 검증의 필요성이 갈수록 커지게 된다. 필요는 창조를 만든다고 했던가. 검증의 필요성이 새로운 집단의 등장을 불렀다. 사실검증 자체를 주요 업무로 삼는 집단이 출현한 것이다.

전문 사이트 첫 출발은 항간에 떠도는 루머검증

—

지난 2014년 6월 영국 런던에서 '제1회 글로벌 팩트체킹 서밋'이 열렸다.

당시 위스콘신대학의 루카스 그레이브스 교수는 현대적 의미의 팩트체킹 기원을 알 수 있는 간단한 주제 발표를 진행했다. 그의 발표에 따르면 미국에서 본격적으로 사실관계 검증을 전문으로 하는 사이트 등장은 1995년 스눕스 닷컴(snopes.com)을 꼽을 수 있다.

'snopes'는 파렴치한 정치가나 실업가를 의미한다. 지금의 '팩트체킹'과 조금 거리가 있지만 각종 루머에 대한 검증을 제1의 목표로 내세웠다. 그럼에도 불구하고 20년이 지난 지금도 이 사이트는 여전히 운영되고 있다. 더구나 사이트 한 코너에는 지금도 '팩트체크'를 당당하게 내걸고 있다.

조금 더 세월이 흘러 2001년에는 본격적인 정치검증을 표방한 스핀새너티 닷컴(Spinsanity.com)이 등장했다. Spin(회전시키다. 돌리다. 여론 조작) + sanity(온전한 정신, 제정신)라는 단어 조합을 통해 이들이 추구한 이상을 엿볼 수 있다.

미국 정치권이나 기업의 배후에서 교묘한 방법으로 여론 조작이나 정보 조작을 하는 것을 'Spin'이라 하고, 이를 전문적으로 하는 로비스트나 홍보 전문가를 '스핀 닥터'라고 부르는 것도 같은 맥락이다. 이 사이트는 2004년 운영을 중단하면서 더 이상 명맥을 잇지 못했다.

그런데도 당시 이 사이트는 400건 이상의 기사와 각종 칼럼을 통해 대통령 발언 등을 집중 검증함으로써 상당한 반향을 일으켰다.

사이트 운영자들은 2005년 초 사이트 폐쇄를 알리는 공지를 통해 사이트 운영은 비록 중단하지만 기사와 칼럼 등은 그대로 남겨 둬 언론인이나 시민들 누구나 원하면 찾아볼 수 있도록 했다. 자신들이 펼쳤던 검증활동에 대한 상당한 애정과 자부심이 묻어나는 대목이다.

이들이 공동으로 펴낸 《미국 대통령의 여론 조작》All the

Presents' Spin은 부시 행정부의 교묘한 여론 조작 기법과 백악관 의도를 과학적으로 분석, 입증한 책으로 평가받기도 했다.

화려하게 등장한 미국 3대 팩트체커

—

현대 팩트체킹 원조 '팩트체크 오알지'

스핀새너티가 2004년 사이트 운영을 중단한 것과 별개로 2003년 12월 현대적 의미의 팩트체킹 원조라 할 수 있는 '팩트체크 오알지'(FactCheck.org)가 등장했다. 앞서 언급한 CNN 기자 출신의 브룩스 잭슨이 참여한 펜실베니아대학의 에넌버그 공공정책연구소Annenberg Public Policy Center에서 개설했다. '팩트체크 오알지'는 주요 정치발언에 대한 사실검증을 하고 이를 정기적으로 공표하면서 많은 반향을 일으켰다. 특정 이슈에 구애받지 않고, 특정 언론이나 자본으로부터도 독립적인 운영을 표방했다. 대학과 공공기관의 협업 모델을 구축한 것도 눈에 띄는 대목이다. 스핀새너티 운영자들이 사이트를 폐쇄하면서 '팩트체크 오알지'를 언급한 것도 흥미롭다. 자신들이 이루지 못한 꿈을 대신 이뤄주길 바라는 의미도 담겨 있는 듯하다. 원조의 자긍심은 '팩트체크 오알지' 홈페이지에도

2003년에 등장한 현대적 의미의 팩트체킹 원조에 해당하는 FactCheck.org 홈페이지 화면.

강하게 묻어나온다.

2003년 사이트를 개설한 이래 교묘한 정치조작Spin으로부터 진실truth을 밝혀낸 활동으로 수많은 영광과 상을 받았다고 스스로를 소개하고 있다.

몇 가지만 소개하면 2006년 잡지 〈타임〉Time이 선정한 '이것 없이는 살 수 없는 25개 웹사이트'나 같은 해 '세계전자정부포럼'World eGov Forum이 선정한 '세상을 바꾸는 10개 사이트' 등에 선정된 것이 대표적인 예다. 이 밖에도 인터넷계의 오스카로 불리는 '웨비어워드'Webby Awards 수상 등 팩트체킹 원조의 면모를 유지하고 있다.

퓰리처상에 빛나는 '폴리티팩트 닷컴'

'팩트체크 오알지'가 현대적 의미의 팩트체킹을 뿌리내렸다면 이를 대중적, 상업적으로 꽃피운 것은 2007년에 문을 연 '폴리티팩트 닷컴'(Politifact.com)을 꼽을 수 있다. '폴리티팩트'는 미국 플로리다 지역신문 〈템파베이 타임즈〉(구 세인트 피터스버그 타임즈) 워싱턴 지국장이던 빌 어데어Bill Adair (현 듀크대학교 교수)가 주축이 돼 만든 팩트체킹 사이트다. 주요 정치인 발언에 대한 철저한 검증과 독특한 판정 시스템으로 미국 내에서 큰 화제가 됐다.

이들은 의미 있는 정치적 발언과 주장에 대해 검증 작업을 거친 뒤 6등급으로 분류한 진위 판정을 하고 이를 공표했다.

6가지 진위 판정은 True (진실 : 정확한 발언, 특별히 빠진 중요 사항 없음), Mostly True(대체로 진실 : 정확한 발언이지만 해명 또는 추가 정보 필요), Half True(절반의 진실 : 부분적으로 정확한 발언이지만 중요한 세부 사항이 빠졌거나 맥락에서 벗어남), Mostly False(대체로 허위 : 진실의 요소는 갖췄으나 결정적 팩트를 무시해 전혀 다른 인상을 줄 수 있음), False(허위 : 발언이 정확하지 않음), Pants-on-Fire(새빨간 거짓말 : 정확하지 않은 발언에 웃기는 주장 펼침)로 나뉘었다. 이를 '진실측정기'라 불리는 'Truth-O-Meter'를 통해 한 눈에 보일 수 있게 시각화했다. 특히 'Pants-on-Fire'는 미국 아이들이 친구의 거

팩트체킹의 대중화에 기여한 Politifact.com 홈페이지 화면

짓말이 탄로 났을 때 놀리는 'Liar, Liar, pants on fire!'에서 따온 말인데 이를 정치인들에게 적용해 흥미를 더했다. 거짓말이 최악의 수준일 때 얻게 되는 불명예스러운 판정이다.

그런데 이런 수치스러운 판정에 미국 오바마 대통령과 도널드 트럼프 당선자 등 주요 정치인들이 심심찮게 등장한 점이 흥미롭다. '폴리티팩트'는 이 같은 독보적 활동으로 2009년 언론계의 노벨상으로 불리는 퓰리처상(탐사보도 부문)을 수상하는 영예를 얻기도 했다.

피노키오로 유명한 WP '팩트체커'

미국의 주요 언론매체인 〈워싱턴포스트〉WP는 팩트체킹 전문 칼럼을 도입했다. 팩트체커Fact Checker라는 코너다. 2007년 칼럼니스트 마이클 돕스Michael Dobbs가 처음 만들었다. 그리고 팩트체킹 칼럼이 본격적으로 실린 것은 2008년 대선부터다. 이 코너가 진짜 유명세를 탄 것은 글렌 케슬러Glenn Kessler라는 기자의 탁월한 개인 역량에 기인한 측면이 크다.

국무성 등을 다년간 취재해 온 정치외교 전문기자 글렌 케슬러는 2011년 초부터 정기적으로 팩트체커 칼럼을 게재하면서 탁월한 안목과 철저한 검증으로 명성을 날렸다. 특히 피노키오 지수도 인기몰이에 한 몫을 톡톡히 했다. 거짓말을 하

면 코가 길어지는 피노키오 이미지를 정치인 발언에 부여함
으로써 시각적 효과와 함께 흥미를 유발시켰다.

피노키오 4개를 받으면 폴리티팩트의 'Pants-on-Fire'와
같은 새빨간 거짓말이 되는 셈이다. 〈워싱턴포스트〉 팩트체
커 칼럼은 오랫동안 글렌 케슬러 1인이 전담하다가 몇 년 전
부터 한국계 미국인 미셸 예희 리Michelle Ye Hee Lee가 공동 작업
을 하고 있다.

이렇게 '팩트체크 오알지'와 '폴리티팩트', '팩트체커' 셋을
합쳐 미국의 3대 팩트체커라고 부른다. 이들의 활약상은 이
제 워싱턴 정가에서는 워낙 유명해 선거캠프나 백악관에 전
담 인원을 배치할 정도다.

전 세계로 확산되는 팩트체킹 저널리즘

—

팩트체킹은 최근 몇 년 사이 급성장 추세다. 미국만이 아니다.
세계적 흐름이다. 몇 가지 수치만 봐도 금방 알 수 있다. 2014
년 6월 '제1회 글로벌 팩트체킹 서밋' 당시 활동 중인 팩트체
킹 사이트는 44개였다. 1년 뒤 2015년 7월 '제2회 글로벌 팩
트체킹 서밋'에서는 64개 사이트가 활동 중인 것으로 집계

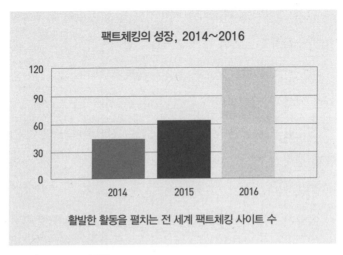

팩트체킹의 성장, 2014~2016

활발한 활동을 펼치는 전 세계 팩트체킹 사이트 수

전 세계 팩트체킹 조직 현황

됐다. 다시 반년 정도가 지난 2016년 2월 듀크대학교 리포터 스랩Reporters' Lab이 새로운 집계를 내놓았다. 보고서에 따르면 전 세계에서 활동 중인 팩트체킹 사이트와 조직은 96개, 37개 나라에 퍼져 있는 것으로 집계됐다. 이는 전년 대비 50% 증가한 수치다. 활동 중인 사이트를 대륙별로 보면 아프리카 5개, 아시아 7개, 호주 2개, 유럽 27개, 북미 47개, 남미 8곳 등이다. 미국 14개를 포함해 캐나다 2개, 남아메리카 7개가 새롭게 추가됐다. 뿐만 아니라 북아프리카로부터 중앙유럽, 동아시아에 이르는 10개의 각기 다른 나라에서 새로운 프로젝트가 진행되기도 했다.

숫자가 급증한 만큼 팩트체커들 사이에 경쟁도 치열해지고 있다. 특히 미국의 경우 41개의 팩트체커 가운데 4분의 3(30개) 정도가 선거 입후보자나 고위 공직자들의 발언의 진위를 가리는 데 초점을 맞추고 있다. 중요한 선거가 치러지는 해에는 지역과 전국 단위에서 이 같은 경쟁이 더욱 치열할 수밖에 없다.

일례로 미국 캘리포니아 주의 경우 지역에 기반을 둔 팩트체킹 사이트가 3개 이상 활동 중인 것으로 나타날 정도다. 전국단위에서는 미국의 3대 팩트체커들이 8개 이상의 다른 언론매체와 경쟁하고 있다.

후보자 합동토론회가 있는 날은 경쟁이 더욱 치열해진다. 미국 외에도 10개의 나라에서 최소한 1개 이상의 팩트체커들이 경쟁적으로 활동하고 있는 상황이다.

이런 추세는 더욱 강해져 가장 최근이라 할 수 있는 2016년 말 집계에 따르면 전 세계에 120여 개의 팩트체킹 사이트가 활동 중인 것으로 나타났다.

팩트체킹, 원칙과 기준은?

—

팩트체킹 방법은 나라마다 다르고, 팩트체킹 사이트나 조직마다 차이가 난다. 칼로 두부 자르듯 한두 마디로 정리할 수 없다는 의미다. 각각의 사이트나 조직마다 지향하는 점이나 검증하는 방법이 다르게 나타나기도 한다.

우리나라의 경우 2012년 경주에서 'SNS와 선거보도'라는 주제로 열린 관훈클럽 세미나에서 오택섭 고려대 미디어학부 명예교수의 발표 내용을 보면 팩트체킹의 원칙과 방법에 대해 쉽게 잘 설명하고 있다. 오택섭 교수는 오래전부터 국내에 팩트체킹 저널리즘을 뿌리내릴 수 있도록 음으로 양으로 노력해 온 권위자다. 그의 발표내용을 보면 팩트체킹 입문자들도 프로세스를 이해하기 쉽다.

가장 먼저 할 일은 팩트체킹 대상을 선정하는 것이다. 정치인의 연설문, 보도자료, 선거 브로슈어, 신문, 잡지, TV 기사와 광고, TV와 라디오 인터뷰 초록, SNS 게재물 중에서 뉴스 가치가 높은, 의미 있는 발언이 모두 포함된다. 다만 근거 없는 의견이나 주장은 대상에서 제외된다. 예컨대 "한미 FTA 체결로 한국은 미국의 식민지가 될 것"이라는 주장은 체크할 만한 근거가 없다. 그러나 "미국과 FTA를 체결한 볼리비아의 상수도는 다국적기업 벡텔에 팔렸고, 수돗물 값이 4배 올랐다"는 식의 주장은 검증할 대목이 너무 많다. 판정 결과는 당시 볼리비아가 미국과 FTA를 체결한 바도 없어 사실무근의 허위다.

선택 기준도 중요하게 고려해야 한다. 정치인이 한 말 모두 다 검증하는 것이 아니기 때문이다. 주요 선택 기준에는 ①발언이 팩트에 기초한 것인지 ②발언이 청중을 오도할 만큼 강한 인상을 남기는지 ③의미 있는 발언인지 ④많은 사람들에게 전달돼 재생산될 가능성이 있는지 ⑤발언에 대해 사람들이 '이것이 사실이야?'라고 의문을 품을만한지 따져봐야 한다.

선택 기준이 마련되면 판정에 대한 원칙도 세워야 한다.

오 교수가 제시한 원칙은 ①특정 단어에 주목하면서 그 단어의 의미를 완화 또는 강화하는 다른 단어나 구절이 있는지 살피고 ②발언자의 핵심적인 주장 전후에 나타난 발언을 고려해 발언자 의도를 전체적인 맥락에서 진위를 판정하며 ③검증의 책임은 일차적으로 발언자에게 있다는 점을 명심해야 한다. 이 밖에 검증 과정에서 취득한 각종 소스와 판정 과정 그리고 최종 결과에 이르는 전 과정을 투명하게 공개하는 것은 검증에 대한 신뢰를 높이는 중요한 장치가 된다.

"끝날 때까진 끝난 게 아니다", 선거공약 집요하게 검증

—

팩트체킹 성장의 이면에는 선거공약 이행에 대한 끈질긴 추적도 한 몫을 톡톡히 했다.

선거 때 무수히 쏟아지는 정치인의 발언과 주장, 약속을 선거가 끝난 뒤에도 끈질기게 추적하는 일이 말처럼 쉬운 것은 아니다. 우리나라처럼 대통령 권한과 영향력이 무소불위에 가까울 정도로 막강한 나라에서는 더욱 그렇다. 끈기와 용기가 동시에 필요할 수밖에 없다.

그렇다고 상황을 핑계로 검증을 회피하거나 미루는 것은 더욱 안 될 말이다.

상황은 우리나라만 그런 것이 아니다. 세계의 많은 나라들도 거의 다 마찬가지다.

더구나 우리나라보다 정치 상황이 훨씬 좋지 않은 권위주의 국가에도 용기 있는 팩트체커들이 널리 퍼져 있다. 이들 가운데 2015년 1월 이래 5개국 6개 사이트가 입후보자나 정당 지도자가 선거기간에 내놓은 선거공약을 추적하는 데 헌신하고 있다. 특히 튀니지에서는 두 개의 새로운 팩트체킹 사이트가 자국 대통령과 총리의 공약 이행을 점검한다. 이 밖에도 20여 개 사이트에 속한 팩트체커들이 각기 다른 곳에서 공

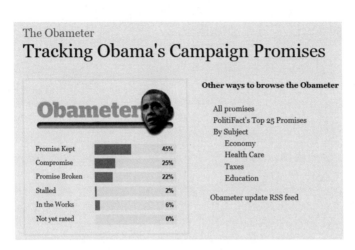

The Obameter
Tracking Obama's Campaign Promises

Promise Kept		45%
Compromise		25%
Promise Broken		22%
Stalled		2%
In the Works		6%
Not yet rated		0%

Other ways to browse the Obameter

All promises
PolitiFact's Top 25 Promises
By Subject
    Economy
    Health Care
    Taxes
    Education
Obameter update RSS feed

2016년 폴리티팩트가 발표한 오바미터 자료. 공약 이행의 현황을 일목요연하게 보여준다.

약 추적을 첫 번째 임무로 삼거나 혹은 정치 검증의 주요한 부분으로 삼고 있다. 미국 팩트체커까지 포함할 경우 96개 팩트체킹 사이트 가운데 4분의 1이 넘는 26개 사이트와 기관이 공약을 추적하고 있다.

공약을 추적하는 대표적인 사이트로 폴리티팩트가 진행하는 '오바미터Obameter'와 'GOP Pledge-O-Meter', 그리고 호주 ABC 방송의 'Promise Tracker' 등을 꼽을 수 있다.

2016년 3월 1일 현재 호주의 'Promise Tracker'를 살펴보면 모두 78개의 공약을 2년 6개월 동안 추적한 결과 공약 파기가 15개(19%), 파기는 아니지만 중단 상태 9개(9%), 진행 중

40개(51%), 공약 이행 16개(21%)로 일목요연하게 알 수 있다.

미국의 경우 2016년 7월 폴리티팩트 사이트는 오바마 대통령이 2008년과 2012년 선거 캠페인 동안 제시한 500개 이상의 공약을 추적한 결과, 공약 이행 240개, 파기 117개, 중단 8개, 진행 중 34개 등으로 일목요연하게 집계했다.

조금 더 최신 버전을 보자. 폴리티팩트가 지난 1월 6일 발표한 자료에 따르면 오바마 행정부 8년 동안 총 533개의 공약을 추적 점검한 결과 이 가운데 48%가 지켜졌고, 24%는 파기됐으며, 28%는 여전히 진행 중인 것으로 나타났다.

정책 담당자들이나 선거 당시 공약을 내세웠던 정치인들에게 이런 활동은 공약 이행을 촉구하는 묵직한 압력이 되고 있음은 두말할 나위도 없다.

한편 팩트체킹이 새로운 책임저널리즘의 한 축이라는 것은 전 세계에서 활동 중인 팩트체커의 약 3분의 2가 뉴스 기관(미디어)과 직접적인 관련이 있다는 점에서도 드러난다. 특히 미국에서는 이런 경향이 더욱 심해 전체의 약 90%가 뉴스매체의 일부분이다. 미국 내에서 활동 중인 팩트체커 41개에 대해 미디어 제휴(가맹) 여부를 살펴본 결과 신문이 18곳으로 가장 많고, TV 10곳, 신문 + TV 1곳, 라디오 3곳, 디지털 3곳, 학생신문 1곳으로 나타났다. 미디어와 무관한 팩트체커는 4곳에 불과한 것으로 나타났다. 미국을 벗어나면 사정은 조금 달라진다.

활동 중인 팩트체킹 사이트 55개 가운데 24개(44%)만이 뉴스 기관과 관련이 있다. 뉴스 기관과 관련 없는 나머지 팩트체커들은 비정부기구(NGO), 비영리기구(NPO)나 시민참여형 활동가 그룹과 관련이 있다. 이는 팩트체킹의 원조라 할 수 있는 미국에서는 언론의 자성에서 시작된 반면 팩트체킹이 이식된 다른 많은 나라들에서는 언론개혁이나 정치개혁 등을 표방하는 시민운동의 영역과 팩트체킹이 밀접하게 관련돼 있기 때문으로 보인다.

흥미를 유발하는 평가 시스템Rating

—

팩트체킹이 대중들에게 빠르게 확산되고 있는 이유 가운데 하나는 재미있는 평가 시스템을 통해 시각적으로 쉽게 다가간다는 점이다. 세계적으로 인지도와 인기가 높은 〈워싱턴포스트〉의 피노키오 지수나 폴리티팩트의 'Pants-on-Fire'(새빨간 거짓말)을 비롯한 6단계의 평가 시스템이 대표적 경우다. 미국의 경우 전체 팩트체킹 사이트 41개 가운데 33개(81%)가 평가 시스템을 사용하고 있다. 이런 경향은 세계적으로도 비슷하다. 전체 96개 가운데 76개(79%)가 평가 시스템을 사용하고 있는 것도 같은 맥락이다. 다만 적용하는 방식이 다양하고, 사용하는 이미지도 각양각색이다.

일부 언론학자들은 평가 시스템이 팩트체킹의 신뢰도나 효과에 직접적으로 영향을 미치는 것은 아니라고 주장한다. 그에 관한 연구 결과를 담은 논문도 발표된 상태다.

그럼에도 불구하고 실제로 현장에서 뛰고 있는 많은 팩트체커들은 평가 시스템이 지닌 긍정적 효과에 오히려 더 많은 의미를 부여한다.

평가 시스템에 대해 듀크대학교 빌 어데어 교수는 채소를 예로 들어 쉽게 설명했다.

가령 "어떤 기자가 채소가 몸에 좋다고 길고 장황하게 설명하는 것보다 시각적 이미지로 간결하게 보여주는 것이 더 효과적"이라는 의미다.

〈워싱턴포스트〉의 글렌 케슬러 역시 "훌륭한 팩트체킹임에도 불구하고 쉽게 잊혀지는 경우가 많은데 피노키오 지수 같은 평가 시스템은 핵심을 잘 요약할 뿐 아니라 오랫동안 기억에 남도록 할 수 있다"고 말했다.

4

—

미국 대선과
팩트체킹

미국 대선은 전 세계의 이목이 쏠리는 초대형 이벤트다. 미국의 변화는 세계 각국의 정치 외교안보에 크고 작은 영향을 미치기 때문이다. 우리나라도 예외가 될 수 없다. 대선이 진행되는 동안 공식·비공식 채널을 총동원해 인적 네트워크를 강화하기 위해 애쓴다. 또 각 후보 진영의 정책에 대한 면밀한 분석과 대응 방안도 검토한다. 어떤 후보가 당선되느냐에 따라 한반도 정책도 확연하게 달라질 수 있기 때문이다.

특히 지난해 대선처럼 상당수 언론과 전문가들의 예상을 뒤엎는 결과가 나오면 우리나라뿐만 아니라 전 세계가 요동친다. 트럼프 당선이 특히 그랬다. 선거캠페인 기간 내내 튀는 행보와 과격한 공약을 선보였던 트럼프가 당선되면서 미국의 대외정책이 어떻게 바뀔지 초미의 관심사가 됐다. 후보

시절에는 트럼프를 폄훼하고 비판했더라도 당선자가 되면 달라질 수밖에 없다.

각국에서 당선자와 면담 일정을 경쟁적으로 잡는 것도 이런 배경에서다. 노골적으로 힐러리 클린턴을 지지했던 일본의 아베 총리가 트럼프와 면담을 서둘러 성사시킨 일은 시사하는 바가 매우 크다.

미국 대선이 국제정치나 외교안보의 문제에만 영향을 미치는 것은 아니다. 저널리즘의 관점에서도 많은 교훈과 과제를 던져주고 있다. 특히 팩트체킹의 종주국인 미국에서 팩트체커들이 대선 과정에서 어떻게 활동하고, 어떤 영향을 끼쳤는지도 흥미로운 대목이다.

젭 부시는 왜 폴리티팩트를 언급했나

—

예선 과정을 먼저 살펴보자. 세계의 이목이 쏠린 대선을 미국 내부에서부터 철저한 검증의 잣대로 접근하는 사람들이 바로 팩트체커들이다. 이들의 검증 결과는 곧바로 소셜미디어를 타고 미국 전역은 물론이고 전 세계로 전파되기 때문에 그 누구도 무시하질 못한다.

오바마 행정부와 주요 대선 주자 캠프에서 팩트체커들에 대한 전담 인력을 둔 것도 이런 배경에서다. 대선 후보를 꿈 꾸는 정도의 정치인이라면 이제 자신을 향해 시종일관 정치적 팩트체킹이 뒤따를 것이라는 사실을 누구나 알고 있다. 바꿔 말하면 대선 주자라면 누구나 언제 어디서나 팩트체커의 검증대에 오를 준비까지 해야 한다는 의미다.

이를 잘 보여주는 일화가 있다. 대선이 본격화되기 훨씬 전이라 할 수 있는 2014년 12월 1일 잠재적인 공화당 대선 후보로 거론되던 젭 부시Jeb Bush는 당시 주요 이슈였던 교육 관련 어떤 통계를 여러 차례 언급하면서 다음의 표현으로 이런 분위기를 소개했다.

"당신이 일하고 있고, 당신의 고용주가 일하는 당신네 주에서 우리 아이들의 3분의 1만이 대학에 가거나 직업을 갖고 있다. 아무리 잘해야 40% 정도다. 그건 폴리티팩트 될 것이기 때문에(사실이다)"라고 말했다. 공개적인 자리에서 자신의 발언이 미국 3대 팩트체커인 폴리티팩트로부터 사실관계를 검증 받을 것이라고 공언한 것이다. 뿐만 아니라 그렇게 검증받는 자체를 '폴리티팩트 될 것'이라고 묘사한 점이 흥미롭다.

실제로 2014년 당시까지 젭 부시의 발언이나 주장에 대해 폴리티팩트는 18회에 걸쳐 검증한 바 있다. 하지만 이는 다른 잠재적 후보들에 비해 절대 많은 수치가 아니었다. 당시 마르코 루비오에 대해서는 76회, 릭 스콧에 대해서는 125회나 발언을 검증한 바 있기 때문이다.

그런데도 젭 부시가 그렇게 언급할 정도면 다른 후보들은 얼마나 팩트체커들의 검증이 신경 쓰였을 지 두말할 필요도 없다.

미국 대선 주자들도 '거짓 주장' 수두룩

—

미국 유력 대선 주자들의 발언은 과연 얼마나 진실할까. 지난해 4월 위스콘신 주 경선에서 2위 주자들의 반란으로 새로운 국면이 조성되고 있을 당시 폴리티팩트가 대선 후보들의 주요 발언에 대한 신뢰도를 평가한 성적표를 공개해 눈길을 끌었다. 폴리티팩트는 위스콘신 경선이 끝난 다음 날인 4월 6일 (현지시간) 오전 홈페이지 게시글을 통해 "공화당의 테드 크루즈 후보가 도널드 트럼프 후보를 이기고, 민주당에선 버니 샌더스 후보가 힐러리 클린턴 후보에 승리했지만 여전히 수학적으로는 백악관 입성은 어려운 상황에 직면해 있다"고 평가하면서 "우리는 다가올 뉴욕 주와 다른 주에서의 경쟁을 앞둔 지금이 대선 주자들의 성적표를 살펴볼 좋은 때라고 생각했다"고 밝혔다. 폴리티팩트의 전매특허라 할 수 있는 '진실측정기'Truth-O-Meter로 당시까지 집계된 주요 후보들의 발언과 주장에 대한 검증을 한 결과 민주당에서는 클린턴 후보가 샌더스 후보보다 다소 진실에 가까운 발언을 하는 것으로 나타났다. 공화당에서는 존 케이식 후보가 가장 신뢰할 만한 발언을 하고, 다음이 크루즈, 트럼프 순으로 나타났다. 특히 트럼프 후보는 주요 발언과 주장의 76%가 사실과 다른 것으로 드러나기도 했다.

폴리티팩트의 진실성 평가는 '진실' '대체로 진실' '절반의 진실' '대체로 거짓' '거짓' '새빨간 거짓말'이라는 6단계로 구분돼 있다. 이 지표에 따라 각 후보의 발언을 검증해 본 결과 민주당에서는 클린턴 후보가 샌더스 후보보다 조금 더 진실에 가까운 주장을 펼치는 것으로 나타났다. 클린턴 후보는 '진실'(24%) + '대체로 진실'(28%)이 절반이 넘는 52%로 나타났고, '대체로 거짓'(14%) '거짓'(12%) '새빨간 거짓말'(2%) 순으로 나타났다. 이에 반해 샌더스 후보는 '진실'(15%) + '대체로 진실'(35%)이 50%로 클린턴 후보보다 약간 낮았고, '대체로 거짓'(16%) + '거짓'(14%)은 클린턴 후보보다 높았다. 다만 샌더스는 완벽한 오류나 거짓을 의미하는 '새빨간 거짓말'은 한 차례도 없는 것으로 나타났다.

공화당은 3위인 존 케이식 후보의 발언이 가장 진실한 것으로 나타났다. 케이식 후보의 발언은 '진실'(25%) + '대체로 진실'(25%)로 주장의 50%가 진실에 가까웠고, '대체로 거짓'(15%), 거짓(13%), '새빨간 거짓말'(5%)이 33%로 집계됐다.

이에 반해 1위를 놓고 막장 싸움까지 마다하지 않았던 도널드 트럼프와 테드 크루즈는 발언이나 주장 가운데 절반 이상이 거짓에 가까워 신뢰도가 크게 떨어지는 것으로 나타났다. 크루즈 후보는 '진실'(6%), '대체로 진실'(16%), '대체로 거짓'(29%) '거짓'(29%), '새빨간 거짓말'(7%) 등으로 조사돼 60% 이상의 발언과 주장이 거짓으로 판명됐다. 트럼프의 막말과 황당 주장은 이미 전 세계적으로 악명이 높다. 이를 입증이라도 하듯 트럼프 발언과 주장 가운데 '진실'(2%) + '대체로 진실'(6%)은 10%도 채 되지 않았다. 대신 '대체로 거짓'(16%), '거짓'(41%), '새빨간 거짓말'(19%) 등 76%가 거짓 주장으로 판명됐다. 공화당 예선 당시 압도적 선두를 달리던 트럼프가 막판에 상당히 고전을 거듭했던 것도 이 같은 신뢰성 부족이 한 몫을 한 것으로 평가됐다.

그렇다면 본선까지 과정에서는 어땠을까. 힐러리 클린턴과 맞대결을 펼친 도널드 트럼프는 본선에서도 마찬가지로

버니 샌더스		힐러리 클린턴
15	진실	24
35	대체로 진실	28
20	절반의 진실	20
16	대체로 거짓	14
14	거짓	12
0	새빨간 거짓말	2

테드 크루즈		도널드 트럼프
6	진실	2
16	대체로 진실	6
13	절반의 진실	15
29	대체로 거짓	16
29	거짓	41
7	새빨간 거짓말	19

"미국 대선주자들도 '거짓 주장 많아'", 〈내일신문〉 2016년 4월 8일자 국제면 기사 자료.

거짓이나 과장된 주장과 발언에서 압도적 우위를 보였다.

폴리티팩트는 지난해 9월 26일 대선 캠페인 과정에서 행한 두 후보의 발언과 주장에 대한 400여 건의 검증 결과를 발표했다. 이 자료에 따르면 클린턴은 '진실'(72건), '대체로 진실'(76건), '절반의 진실'(69건), '대체로 거짓'(40건), '거짓'(29건),

'새빨간 거짓'(7건)으로 나타났다. 이에 반해 트럼프의 경우는 '진실'(14건), '대체로 진실'(37건), '절반의 진실'(50건), '대체로 거짓'(63건), '거짓'(113건), '새빨간 거짓'(57건)으로 나타났다. 표면적으로 드러난 결과만 놓고 보면 트럼프가 절대 불리하고 힐러리 클린턴이 유리하다. 하지만 좀 더 깊이 들여다보면 트럼프에 대한 기대치와 힐러리에 대한 기대치는 애초부터 출발선이 달랐음을 알 수 있다.

트럼프는 공화당 예선에서부터 기존 정치질서를 무너뜨리는 전략의 하나로 막말과 말 바꾸기, 거짓말과 과장된 주장도 서슴지 않았다. 본선에서도 이런 기조는 크게 바뀌지 않았다.

이성적인 판단 이전에 감성적이고 원초적인 접근을 먼저한 셈이다. 이로 인해 트럼프에게 도덕적 우위를 기대한 유권자는 별로 없었다는 게 정설이다.

한편, 힐러리는 전형적인 엘리트 정치인에다가 오랫동안 워싱턴과 미국 정치무대의 메인 스트림으로 자리매김해 왔다. 그런데 클린턴의 신뢰도 역시 수준 이하였다. 국가기밀이 포함된 이메일을 개인 계정으로 집에서 주고받은 사실이 드러난 '이메일 스캔들'은 물론이고, 민주당 지도부가 경쟁 후보였던 샌더스에 대해 노골적으로 비방하는 이메일을 보낸 사실, 그리고 '클린턴재단' 고액기부 모금 의혹 등 여러 건의 악재가 터지면서 신뢰도에 금이 갔다.

더구나 선거 막판에 터진 FBI의 힐러리 이메일 재수사 방침 공개와 수사 종결 논란은 최악의 악재로 꼽혔다. 어찌됐든 막장 선거와 거짓 주장이 횡행하면서 실제로 손해를 본 것은 엘리트 주류 정치인 이미지를 지닌 힐러리 클린턴이었음에 분명하다.

미국 검증대 오른 한국 관련 발언들

—

미국 대선 결과와 무관하게 진행 과정에 대해서도 찬찬히 살펴볼 필요가 있다. 특히 한국 관련 발언이 어떻게 이슈로 등장했다가 외면 받았는지도 흥미로운 대목이다.

도널드 트럼프는 선거를 치르면서 주한미군의 한국 주둔이 국익에 도움이 되지 않는다는 발언을 여러 차례 공개적으로 했다. 지난해 1월 10일에는 NBC와 인터뷰를 통해서 같은 내용을 또다시 언급했다. 방위비 분담금을 쥐꼬리만큼 부담하고, 전략적 이익도 거의 없다는 이른바 '안보 무임승차론'이다. 이에 대해 '폴리티팩트'(politifact.com)가 트럼프 주장은 사실과 다른 거짓이라고 판정했다. 폴리티팩트는 프럼프 주장을 조목조목 반박하면서 "2014년 한국의 방위비 분담금은 미국 분담금의 30%를 넘는다"고 주장했다. 또 "미군이 주둔함으로써 미국의 상품을 구매하는 국가들을 보호하는 셈"이라는 군사전문가 랜스 잰다 교수의 평가도 소개했다. 경제적 분담금뿐 아니라 주한미군의 전략적 의미도 트럼프 주장이 틀렸음을 밝혔다. 비슷한 시기 〈워싱턴포스트〉의 팩트체커fact-checker 팀은 공화당 대선 예비주자였던 테드 크루즈 발언에 대해 새빨간 거짓이라는, 피노키오 네 개를 부여했다.

크루즈가 "클린턴 행정부가 북한에 대한 국제사회의 제재를 완화해 북한이 핵무기를 개발했고, 그로 인해 지금은 수소폭탄을 가질 수 있다는 (북한의) 과대망상적 조울증과 직면해 있다"고 주장한 것을 정면 반박했다.

철저한 검증을 거친 팩트체커 팀은 크루즈가 1994년 제네바에서 있었던 미국과 북한의 핵동결협약the Agreed Framework과 이란의 핵협상을 뒤섞어 사실관계 자체가 틀렸을 뿐 아니라, 오바마 행정부의 대이란 협상 수석대표와 클린턴 행정부의 대북 수석대표를 혼동하는 등 잘못된 표현을 썼다고 주장했다. 크루즈가 역사를 좀 더 공부할 필요가 있다는 점잖은 충고도 이어졌다. 정작 당사자인 우리 정부에서는 외교적으로 다툼이 될 수 있는 사안이기 때문에 발언이나 논평을 거의 하지 않은 민감한 문제에 대해서 미국 내 팩트체커들이 사실관계를 바로잡은 것이다.

이처럼 미국 대선에서 유력 정치인들의 발언과 주장을 검증하고 진실과 거짓을 밝혀내는 팩트체킹은 매우 광범위하고 활발하게 진행되고 있다.

앞서 언급한 '폴리티팩트'와 '팩트체커', '팩트체크 오알지' (FactCheck.org) 등 미국 내 3대 팩트체커는 물론이고, 미국 대선이 본격적으로 진행되면 유력 언론매체들도 속속 팩트체킹 전담조직을 두거나 코너를 신설해 검증에 열을 올린다. 특히 민주당과 공화당의 대선 주자 TV토론회가 있을 때면 거의 모든 매체들이 인적 역량을 대거 투입해 발언의 진위여부를 가리는 팩트체킹을 진행하고 있다. 〈뉴욕타임스〉의 '팩트체크', CNN의 'Reality Check Team', 정치 전문 사이트 〈폴리티코〉의 'Wrongometer', 미국 공영방송 NPR의 '팩트체크' 등이 대표적인 예다.

워낙 왕성한 활동을 하기 때문에 CBS 뉴스 등 미국 주요 언론에서도 자주 소개됐다. 대선 캠프나 백악관에서 팩트체커들을 전담하는 인력을 두는 것도 같은 맥락이다.

트럼프 거짓말, 5분에 한 번꼴?

—

지난해 3월 중순 JTBC '팩트체크' 코너에서도 미국 대선의 팩트체킹에 대해 다룬 바 있다.

단순히 '어떤 후보가 이런 말을 했더라' 또는 '다른 후보가 저런 말을 했더라'는 식의 경마식 보도가 아니라 주요 후보자들의 발언을 깊이 있게 검증하는 미국 내 팩트체커들의 활약을 중심으로 미국 대선의 단면을 생생하게 보여주는 프로그램이었다.

당시 보도를 보면 미국 내에서 팩트체커들이 어떻게 움직이는지, 또 무엇을 추구하는지 엿볼 수 있다. JTBC는 손석희 앵커와 당시 팩트체크 코너를 맡았던 김필규 기자가 문답을 통해 하나씩 의문을 풀어가는 방식으로 진행한다. 간단하게 내용을 정리해보면 다음과 같다.

우선 앵커가 묻는다. "미국 팩트체커들도 트럼프 때문에 상당히 바쁠 것 같은데 통계를 보니 5분에 한 번꼴로 거짓말을 한다고 나와 있다. 실제로 그렇게 거짓말이 많은가"라고.

기자의 답변은 〈폴리티코〉라는 미국의 정치전문 매체의 보도를 인용한다. 닷새 동안 진행한 총 5시간의 연설을 분석한 결과 거의 5분에 한 번꼴로 허위와 과장 발언이 나왔다는 것이다.

〈워싱턴포스트〉 팩트체커와 폴리티팩트가 트럼프 발언을 검증했던 게 50회 이상이라며 전문 팩트체커들 활동도 인용한다. 구체적 사례도 제시한다. 선거 기간 중에 논란이 된 트럼프의 자수성가 주장이다. 아버지에게 아주 적은 돈을 빌려 사업을 시작해 거대한 제국을 건설했고, 돈도 다 갚았다는 트럼프 주장에 대해 〈워싱턴포스트〉가 피노키오 4개를 줬다고 설명했다. 이는 완전한 거짓말이라는 판정이다. 피노키오 세 개짜리 판정도 소개했다.

트럼프가 주장한 "2천 년 전 중국도 2만900km에 달하는 만리장성을 쌓았다. (멕시코와의 국경에) 장벽을 세우자. 비용은 100억 달러밖에 들지 않을 것"이라는 주장이 도마 위에 올랐다. 〈워싱턴포스트〉 팩트체커 팀은 이를 검증해 재료비만 200억 달러 이상 들 것이라며 피노키오 세 개를 부여했다고 소개했다. 앵커가 다시 묻는다. "명백한 거짓말인 것 같은데 왜 피노키오 네 개가 아니라 세 개를 받았느냐"고. 이에 대해 기자는 "역사적인 내용을 찾아보기라도 한 노력을 감안해 한 개를 깎아줬다"는 〈워싱턴포스트〉 해설을 소개하며 흥미를 더했다.

팩트체커의 로망, '실시간 검증'

—

미국의 팩트체킹은 다른 나라에 비해 앞서 있다. 팩트체킹의 원조이기 때문만은 아니다. 주요 팩트체커들은 물론이고 온 오프라인의 메이저 언론사까지 팩트체킹을 언론의 중요한 역할로 여기고 있기 때문이다. 대통령 선거를 치르거나 주요 선거를 앞둔 시기에는 특히 더 그렇다. 관심도 높아지고 새로운 시도도 많아진다. 지난해 전 세계 팩트체커들의 눈길을 끈 방법 가운데 하나가 '실시간 검증'이다. 실시간 검증은 일종의 국제회의에서 벌어지는 '동시통역' 같은 것으로 이해하면 된다. 유력 정치인의 주장이나 발언이 진행되는 과정에 즉각적으로 참과 거짓을 판정하면서 언론 수용자들에게 판단의 근거를 제시해 주는 것이다.

그 단초를 보여준 것이 바로 키론chyron(전자자막)을 이용한 팩트체킹을 선보인 CNN이다. 생방송으로 인터뷰하면서 화면 아래쪽에 전자자막을 다는 경우는 요즘 어디에서나 심심치 않게 볼 수 있다. 인터뷰 하는 사람의 발언 가운데 의미 있거나 중요하다고 판단되는 일부를 간략하게 요약해 주는 기능을 한다. 흥미로운 발언을 강조하는 역할도 한다.

그러나 인터뷰하는 사람의 발언에 대한 사실관계를 그 자리에서 검증해서 자막으로 올리는 경우는 전례를 찾아보기 힘들다. 그것도 무게감 있는 정치인의 발언이나 주장을 곧바로 검증해서 실시간으로 참과 거짓을 가려준다는 것은 놀라운 시도일 수밖에 없다. 방송이 지닌 속보성에 팩트체킹 기능까지 탑재된다면 그야말로 금상첨화라 할 수 있다.

지난해 9월 26일(현지시간) 전 세계인의 이목을 사로잡았던 미국 대선 후보 1차 TV토론에서 토론 내용 못지않게 관심을 모은 대목이 바로 팩트체킹이었다. 3대 팩트체커는 물론이고, 〈뉴욕타임스〉, NPR, CNN 등 미국의 주요 언론매체들의 관심도 후보자의 발언에 대한 사실검증에 초점을 맞추었다. 후보자 발언을 단순히 옮겨 적는 방식이 아니라 토론회 과정에서 나온 주장이나 발언이 사실인지 아닌지를 검증하는 데 훨씬 더 많은 노력을 기울이는 모습은 대선을 앞둔 우리 사회에도 적잖은 시사점을 던져주었다.

팩트체킹은 아무도 거스를 수 없는 대세가 됐다는 것이다. 각 정당의 예선전에서 팩트체킹이 활발하게 진행된 것은 물론이고, 본선 과정에서도 팩트체킹은 너무 당연한 하나의 과정으로 받아들여질 정도다. 오죽하면 민주당 후보인 힐러리 클린턴은 토론 과정에서 공화당의 도널드 트럼프 후보가 억지를 부리거나 공세를 퍼붓자 직접 대응하지 않는 대신 "좋아요.

이제부터 볼륨을 높이고, 팩트체크를 열심히 해 주세요"라고 팩트체커를 언급할 정도였다.

트럼프의 막말이나 거짓 주장에 대해 미국의 주요 언론들과 팩트체커들이 검증하고 있음을 다분히 의식한 발언이다.

특히 첫 번째 TV토론에서는 기존의 팩트체킹보다 진일보한 형태가 선보였다. 다름 아닌 실시간 검증시스템 도입이다. 실시간 속보 경쟁이 아니라 조금 늦더라도 정확한 검증에 주력한다는, 기존의 시각을 완전히 흔드는 새로운 시도로 평가된다. 실시간 검증을 시도한 경우는 CNN과 〈뉴욕타임스〉, 〈블룸버그〉, 미국 공영라디오 NPR 등이 있다. 특히 NPR은 온라인에서 '라이브 팩트체크' 코너를 운영하면서 수십 명의 인원을 투입해 실시간 검증을 시도해 각광을 받았다. 주요 발언만 부분적으로 검증하는 것이 아니라 거의 토론 전 과정 동안 두 후보의 발언을 하나하나 분석하고 주석을 붙여나가는 방식으로 진행했다. 이로 인한 효과는 폭발적이었다.

니먼랩이 분석한 바에 따르면 이날 NPR의 페이지뷰는 740만 건, 방문자 수는 600만 명에 이르렀으며, 방문자 가운데 22%는 토론이 종료될 때까지 사이트에 머무른 것으로 조사됐다. 역대 최고 수준임은 물론이다.

이처럼 팩트체킹 전문 집단은 물론이고 기존 언론까지 팩트체킹에 주력하면서 첫 번째 TV토론에서 두 후보자의 발언의 진위는 금세 판가름이 났다. 구체적 사례로 우리나라와 직접 관련이 있는 대목도 등장했다. 트럼프 후보가 그동안 몇 차례 주장했던 방위비 분담금에 대한 주장이다. 트럼프는 이날 토론에서도 "우리는 일본을 지켜줍니다. 독일도 지켜줍니다. 한국도 지켜줍니다. 사우디아라비아도 지켜줍니다. 우리는 여러 나라를 지켜줍니다. 그런데 그들은 우리에게 돈 한 푼 내지 않습니다"라고 주장했다. 하지만 폴리티팩트는 곧바로 "한국은 미군의 주둔 대가로 매년 8억 달러가 넘는 돈을 지불하고 있다"고 거짓 주장임을 밝혔다.

이처럼 팩트체킹을 통해 드러난 두 후보자의 발언은 온라인을 통해 전 세계로 동시에 공유가 됐다. 세계가 함께 검증하고 있다고 해도 과언이 아닌 셈이다.

각 정당이나 주요 후보자들의 주장과 공약에 대한 검증보다 제3지대론이나 개헌론, 친박이네 비박이네, 친노네 비노네 하는 진영논리 등 대결 구도에만 관심을 가졌던 우리 사회도 올 대선에서는 새로운 접근 방식에 대한 진지한 고민이 필요해 보인다.

인공지능 탑재한 컴퓨터 팩트체킹

—

실시간 팩트체킹 못지않게 관심을 모으고 있는 분야는 바로 자동검증 시스템이다. 지난해 인공지능 알파고가 우리 사회에 던진 충격과 메시지가 워낙 컸던 탓에 자동검증 시스템을 인공지능 수준까지 보는 시각도 있지만 아직은 성급한 판단이다. 현재는 인공지능을 탑재한 자동검증이라기 보다는 컴퓨터 알고리즘을 활용한 자동검증 시스템이 시작된 수준으로 평가된다. 영국의 팩트체킹 사이트인 '풀팩트Full Fact'는 자체적인 툴을 통해 의원들의 새로운 발언이나 신문에 보도된 내용의 사실여부를 자동적으로 체크하고 있다.

미심쩍은 발언이나 사실을 실시간으로 확인해볼 수 있는 사이트도 등장했다.

텍사스대학교 연구팀과 듀크대학교 리포터스랩 및 구글 컴퓨터 과학자들과 공동 작업한 '클레임버스터ClaimBuster'다. 클레임버스터는 사실 여부를 확인해줄 뿐 아니라 향후에 좀 더 취재할 가치가 있는 부분까지 표시해주기 때문에 저널리즘 영역에서 활용도가 높다고 평가받고 있다.

이와 별개로 인공지능 스피커도 등장했다. 아마존의 인공지능AI 스피커 에코에 팩트체킹 기능이 탑재된 형식이다. AI

The government's EU referendum leaflet, factchecked

Improving our lives

These reforms may well have led to lower fares. The claim of a 40% drop came from the European Commission, who have stopped using it.

EU membership also gives UK citizens travelling in other European countries the right to access free or cheaper public healthcare.

EU reforms in the 1990s have resulted in a drop in fares of over 40% for lower cost flights.

From next year, mobile phone roaming charges will be abolished across the EU, saving UK customers up to 38p per minute on calls.

Correct. Again, the UK might be able to keep the system in place if we left the EU, depending on negotiations.

Correct. The UK might be able to keep the system in place if we left the EU, depending on negotiations.

Find out more at **fullfact.org/europe**

Full Fact

영국의 EU 탈퇴와 관련된 정부 측 발표에 대해 풀팩트 사이트에서 자동검증이 이뤄지고 있다.

스피커 에코에 어떤 정치인의 발언이 사실인지 아닌지 물어보기만 하면 진위를 가려주는 시스템이다. 확인하고 싶은 내용을 말하기 전에 "알렉사, 팩트체커에게 물어봐줘Alexa, ask the fact-checkers"라고 말하면 기능이 작동한다. 가령 트럼프의 주한 미군 방위비 주장이 사실인지 아닌지 물어보면 거짓이라고 답이 나오는 식이다. 여기에도 듀크대학교 리포터스랩과 폴리티팩트, 〈워싱턴포스트〉 팩트체커 팀이 협업을 했다.

기술의 진보가 눈부시긴 하지만 그렇다고 이것을 곧바로 인공지능과 결합된 자동검증 저널리즘으로 확대 해석하는 것은 무리라는 게 중론이다.

특히 팩트체킹은 다양한 검증 작업과 분석을 거친 뒤 이를 종합해 최종적으로 참과 거짓을 판정하는 데 자동화시스템은 아직 단순 사실확인을 넘어서기 힘들기 때문이다. 팩트체킹 저널리즘에 있어서 아직은 인간의 판단과 창의성이 더 중요하다는 의미다.

한국계 팩트체커 미셸 예희 리,
"트럼프는 그 어떤 정치인과도 달라"

—

지난해 미국 대선 과정에서 팩트체커들의 활약은 여러 측면에서 주목받았다. 정식 후보가 되기 훨씬 이전부터 꾸준히 주요 정치인의 발언과 주장을 추적해온 노력과 오랜 노하우는 미국 대선을 눈여겨 본 세계 여러 나라 정치인들과 언론인들에게 특히 많은 영감을 줬다. 이런 격동의 순간순간에 워싱턴 정가의 주목을 받으며 활발한 활동을 펼친 한국계 팩트체커 미셸 예희 리Michelle Ye Hee Lee도 함께했다. 미국 내 3대 팩트체커 중 하나로 불리는 〈워싱턴포스트〉 '더 팩트체커' 코너를 글렌 케슬러와 함께 만들어가는 그녀를 처음 만난 것은 2015년 영국 런던에서 열린 '제2회 글로벌 팩트체킹 서밋'에서였다. 당시 선 세계에서 모인 수많은 팩트체커들과 대화하고 토론하는 중간중간 국내 참석자들과도 교류할 수 있는 시간을 갖곤 했다.

언론계 입문을 한 지 그리 오래되지는 않았지만 미국 정치를 움직이는 워싱턴에서 내

워싱턴 정가에서 팩트체커로서 활발한 활동을 펼치고 있는 미셸 예희 리

로라하는 정치인들을 상대로 당당하게 팩트체킹을 해나가는 모습은 인상적이었다. 런던 행사에 참석한 지 1년도 더 지난 지난해 9월 다시 미셸과 연락을 통해 인터뷰를 시도했다. 미국 대선이 한창일 때 현장을 가장 가까이서 지켜보고 분석하는 팩트체커의 목소리를 들어보는 것이 의미 있을 것이라는 판단에서다. 미셸은 서울에서 태어나 아주 어릴 때 괌으로 이주했다. 애틀란타 애모리대학에서 공부했고, 대학시절 학보사 편집국장을 지내면서 언론과 첫 인연을 맺었다. 현재 글렌 케슬러와 함께 〈워싱턴포스트〉 '팩트체커'코너를 만들어가고 있으며 '아시아계 미국인 기자협회' 부회장도 맡고 있다.

미셸이 팩트체커로 활동하게 된 계기는 우연은 아니다. 지역 언론인 〈애리조나 리퍼블릭〉의 탐사보도팀에서 정부회계감사국을 담당하는 기자로 활동하다가 2014년에 〈워싱턴포스트〉에 합류했다. 그녀는 "나는 항상 〈워싱턴포스트〉 '팩트체커' 보도를 동경하고 즐겼는데 (기회가 닿아) 현재의 자리를 지원했고 이렇게 영향력이 큰 취재 활동에 참여하게 됐다"고 소회를 밝혔다.

팩트체킹을 하는 과정에서 힘들고 어려운 점으로는 바로 피노키오 지수를 결정하는 것이라고 소개했다. 앞서 언급했듯이 〈워싱턴포스트〉 팩트체커 코너의 피노키오 지수는 미국에서는 매우 유명한 상징이다. 정치인의 주장이나 발언의 거짓 정도를 등급으로 매기고 누구나 알 수 있는 피노키오라는 친숙한 이미지를 부여했기 때문이다.

피노키오는 하나부터 네 개까지 부여하는데 하나는 '대체로 사실'을 의미한다. 두 개는 '절반의 사실', 세 개는 '대체로 거짓'이며 네 개는 '완전한 오류'에 해당한다. 이렇게 판정을 내렸을 때 판정을 당한 입장에서는 상당한 반발을 할 수 있다. 우리 정치권을 생각해도 금방 상상이 가는 대목이다. 미국이라고 크게 다르지는 않다.

미셸은 "내가 네 개의 피노키오를 부여했을 때 다른 사람의 관점에서는 한 개 정도로 평가할 수도 있는데, 그 경우 (그들은) 주관적으로 과장됐다고 볼 것이다. 그래서 우리는 어떻게 평가하는지 일관되고 투명한 태도를 지키기 위해 거듭 확인하고, 어떻게 등급을 매겼는지 충분히 설명하기 위해 노력한다"고 설명했다. 또 "우리는 팩트체크 말미에 투표할 수 있는 장치를 마련해 독자들 스스로 (정치적 주장에 대해) 평가하고 투표할 수 있도록 했다"고 덧붙였다.

미셸은 미국 대선 과정에서 거의 2년 가까이 (주요)후보자에 대한 팩트체킹을 진행하고 있다고 소개했다. 이는 후보자들이 그들의 출마를 공식 선언하기도 전부터 검증을 시작했다는 의미다. 미셸에 따르면 대통령 선거와 주요 상원의원 선거에 집중해 팩트체킹을 해 왔으며 거의 모든 종류의 발언을 검증했다. 정치광고, 언론보도, 기자회견, 연설, 토론, 심지어 트위터와 페이스북까지 예외는 없다. 뿐만 아니라 선거캠페인 매니저와 대리인들의 발언, 주장까지도 두루 살폈다. 이를 통해 토론회가 열리는 날 밤에는 〈워싱턴포스트〉 블로그와 트위터에 즉각적인 사실검증을 포스팅 하는 실시간 팩트체킹을 하기도 했다. 그런 뒤 토론회가 끝나고 나면 토론회에서 나온 미심쩍은 주장에 대해 종합적인 보고뉴스를 게시하는 과정을 밟았다. 철저한 준비와 자료 축적, 최대한 실수나

〈워싱턴포스트〉 팩트체커 코너에서는 정치인의 발언과 주장의 진위 여부에 대해 등급을 매겨 피노키오 지수를 부여한다.

오류를 줄이기 위한 검증 과정 그리고 후속 작업까지 얼마나 노력과 정성을 들이는지 알 수 있는 대목이다. 이를 민주당과 공화당의 선거캠프에서도 너무나 잘 알고 있다. 미셸은 "미국 정치인들은 팩트체킹에 상당히 익숙해져 있다. 그것이 팩트체킹 저널리즘의 힘이자 성장이며 정치인들이 그들의 발언에 대해 책임질 수 있도록 만드는 기대감"이라고 말했다.

　이런 분위기 탓에 미국 대선 캠페인에서는 팩트체커와 함께 활동한 사람을 대변인으로 두는 경우도 종종 있다. 그리고 팩트체커들이 어떤 주장에 대해 검증할 때 가장 먼저 선거 캠프에 그들 후보의 주장을 입증할 증거를 제시하라고 요구한다. 그것은 발언자가 입증할 책임이 있기 때문이다. 그래서 선거캠프에는 미셸 같은 팩트체커에게 증거를 보내주기 위해 전문가들이 수많은 연구 자료와 논평을 준비하고 있다. 만일 그것이 주요 연설이나 토론 혹은 기자회견일 경우 특히 그렇다. 캠프에서 입증 자료를 제시하고 나면, 팩트체커는 자체의 취재와 검증 작업 그리고 별도의 전문가 인터뷰를 진행하고 결론에 이르게 된다.

그러나 언론에 대한 반감이 큰 도널드 트럼프는 이 과정에서도 다른 후보들과는 상당히 다른 행보를 보였다. 미셸에 따르면 트럼프 선거캠프는 그들 후보가 옳다는 증명 자료를 거의 제공하지 않았을 뿐 아니라, 지난 1년 반 동안 미셸이 거의 매주 1회 캠프에 접촉을 시도했지만 그들이 응답한 경우는 겨우 10번 정도에 불과할 정도였다고 한다.

사실 트럼프 같은 정치인은 팩트체커들에게도 상당히 어려운 상대일 수밖에 없다. 숱한 거짓말이 드러났는데도 거짓 주장이나 과장된 발언을 멈추지 않았기 때문이다.

미셸은 당시 상황에 대해 이렇게 설명했다.

"우리는 우리 활동이 정치인들의 행동을 바꾸는 것이라기보다는 유권자들에게 유용한 정보를 제공하는 공공서비스라고 간주한다. 트럼프는 우리가 검증했던 그 어떤 정치인과도 닮지 않은 사람이다. 그는 뻔뻔스럽게 사실관계를 무시하고,

잘못된 주장을 철회하지 않으며, 거짓말을 반복하고, 거짓 주장이 얼마나 많이 입증됐는지도 괘념치 않는다. 그래서 팩트체킹이라는 견지에서 보면 트럼프 선거캠프는 상호작용을 거의 하지 않는다는 점에서 매우 도전적인 과제를 던져주었다고 할 수 있다. 그럼에도 불구하고 우리는 유권자들을 교육하려는 노력의 일환으로 트럼프에 대해 계속 검증하고 그의 반복된 주장을 고쳐 쓰려고 노력한다."

좌우나 여야, 보수진보와 같은 진영 논리가 미국 정치에도 없는 것은 아니다.

팩트체킹에 대한 정파성 논란이 늘 뒤따르는 것도 같은 맥락이다. 이런 지적에 대해서도 쿨하게 인정한다.

"우리의 분석이나 피노키오 등급에 대해 모든 사람이 동의하는 것이 아니라는 것을 잘 알고 있다. 우리가 검증할 진술이나 주장을 결정하는 것은 그것이 얼마나 적절하고 보도가치가 있는지가 중요한 것이지 발언자가 어느 정당 소속인지가 중요한 것은 아니다."

물론 정파성 논란을 줄이기 위한 노력도 병행한다. 양 진영의 전문가들을 모두 인터뷰하는 것은 물론이고, 최대한 일관되고 투명한 분석에 따라 등급을 부여하려고 노력하는 식이다.

신세대 언론인이자 팩트체커인 미셸은 선배이자 동료인 글렌 케슬러로부터 소셜미디어를 활용한 다양한 시도를 하고 있다는 호평을 받고 있다. 이는 글렌 케슬러가 2016년 아르헨티나에서 열린 '제3회 글로벌 팩트체킹 서밋'에서 공개적으로 언급한 대목이기도 하다. 이같은 평가에 대해 미셸은 이렇게 답했다.

"나는 우리의 검증 결과를 새로운 방식으로 전달하기 위한 다양한 시도를 했는데 가장 성공적인 방법 중 하나가 스냅챗과 주간 뉴스레터, 페이스북 라이브, 그리고 트위터의 소셜카드다. 팩트체크는 종종 복잡하고 미묘한 뉘앙스 차이를 지니기 때문에 뉴스 전달 방식에 꼭 맞는 한 가지 방법으로 요약하는 것이 매우 어렵다. 그렇지만 창의적이고 유연한 사실 전달을 위한 여지도 분명히 있다. 그것을 조화시키는 것이 쉬운 일은 아니지만, 내가 실험해본 결과 그것은 분명 가능하고 가치 있는 일이라 생각한다."

그러나 지난 대선에서 진행된 실시간 검증 시스템에 대해서는 다소 신중한 태도를 보였다.

"실시간 사실검증은 매우 어렵고, 매우 신중하지 않으면, 그로 인해 동반되는 오류가 발생할 가능성이 늘 열려 있다. 우리가 생방송 도중에 피노키오 척도를 부여하지 않는 것도 그런 이유 때문이다."

여기에 한 가지 더 사족을 달자면 〈뉴욕타임스〉와 NPR 같은 매체는 TV토론회를 하는 동안 실시간 팩트체킹을 위해 20명 가까운 기자들을 투입했지만 〈워싱턴포스트〉는 글렌 케슬러와 미셸 두 사람이 거의 전적으로 담당했던 차이도 있다.

아직 시작 단계이지만, 한국에서도 대선을 앞두고 팩트체킹이 좀 더 확산돼야 한다는 주장이 커지고 있다는 설명에 대해 미셸은 이렇게 답했다.

"팩트체킹은 유권자에게 제공하는 가치 있는 공공서비스이며, 그래서 어디든지 확산될 것이라고 생각한다. 우리 주장에 동의하지 않는 사람들로부터 비판을 받기도 하지만, 동시에 독자들로부터 우리 활동에 대한 감사의 말을 듣기도 하고, 라디오나 다른 뉴스에서 읽었던 내용에 대한 검증을 요구 받기도 한다. 어떤 나라에서 가장 높은 위치에 오르려는 정치인들이 있는 한 그들의 발언에 대해 책임지도록 만드는 저널리스트로서의 우리 역할 또한 변함이 없다고 생각한다."

외부 비판을 두려워할 것이 아니라 저널리스트로서의 역할을 외면할까 두려워해야 한다는 의미다.

탈 진실의 시대와 페이크(가짜) 뉴스의 범람

—

2016년 11월 영국 《옥스퍼드 사전》은 올해의 단어로 '탈 진실' post-truth을 선정했다. 이 단어는 사실이나 진실보다 감정에 호소하는 것이 사회에서 더 잘 통하는 현상을 의미한다. 옥스퍼드 사전은 '탈 진실'을 형용사로 분류하고 "객관적 사실들이 감정에 대한 호소나 개인적 신념보다 여론 형성에 덜 영향을 미치는 상황을 뜻하거나 그와 관련되다"라고 친절하게 뜻풀이를 했다.

이 단어가 선정된 배경에는 미국 대선에서 도널드 트럼프가 당선되고, 영국의 브렉시트(영국의 유럽연합 탈퇴)가 현실이 된 점이 결정적 영향을 끼쳤다. 두 가지 모두 일반적인 관측을 크게 벗어난 이변으로 불렸다.

캐스퍼 그래스월 《옥스퍼드 사전》 대표는 "고도의 정치 사회적 담론에 지배된 한 해를 반영했다는 점에서 놀랍지 않은 선택"이라며 "소셜미디어가 뉴스 원천으로 부상하고 기득권에서 나온 팩트를 향한 불신이 늘었음을 고려하면 우리 시대를 정의하는 단어 중 하나가 되더라도 놀랍지 않을 것"이라고 말했다.

'탈 진실'과 함께 지난해 전 세계적으로 관심을 끈 또 다른 단어는 '페이크 뉴스'fake news(가짜 뉴스)다. '가짜 뉴스'가 얼마나 횡행했는지 미국 대선 결과에도 적잖은 영향을 미쳤다는 것이 중론이다. 대선 당시 활개를 친 가짜 뉴스의 대표적인 예로 '힐러리가 IS에 무기를 팔았다', '교황이 트럼프를 지지한다'는 내용 등이 꼽힌다. 출처도 불분명하고 사실과 분명히 다른 내용이지만 온라인의 빠른 전파성을 타고 진짜 기사들보다 더 많이 공유되기도 했다.

특히 페이스북이나 구글, 트위터 등 글로벌 망을 통해 순식간에 전 세계로 전파될 정도다.

일례로 교황의 트럼프 지지 가짜 기사는 100만 회 가까이 공유되기도 했다. 이것만이 아니다. 최근에는 가짜 뉴스에 속은 미국인이 피자가게를 찾아 총기를 난사하는 일까지 벌어졌다.

힐러리 클린턴이 피자가게 뒷방에서 아동 성매매 조직을 운영하고 있다는 일명 '피자 게이트'에 속은 한 남성이 위기에 처한 아이들을 직접 구하겠다고 나서면서 발생한 어처구니 없는 일이었다.

오죽했으면 대선에서 패배한 힐러리 클린턴이 "가짜 뉴스의 대유행epidemic에 맞서 의회가 초당적으로 싸워야 한다"면서 "이것은 정치 또는 정파가 아니라 생명이 위험에 처하는 문제"라고 강조했을 정도다.

비단 미국만의 문제는 아니다. 유럽도 가짜 뉴스에 고심하고 있다.

총선을 앞둔 독일에서는 지난해 앙켈라 메르켈 독일 총리가 인공수정을 통해 태어난 아돌프 히틀러의 딸이라는 가짜 뉴스로 떠들썩했다. 메르켈 총리는 하원 연설에서 "오늘날 스스로 내용을 재생산하고, 특정 알고리즘에 따라 움직이는 가짜 뉴스들이 문제가 되고 있다"면서 "대책을 세워야 한다"고 말했다.

또 이탈리아에서는 개헌안 국민투표를 앞두고 소셜미디어에서 공유된 관련 뉴스 가운데 절반이 '가짜 뉴스'였다는 것이 이탈리아 팩트체킹 전문 사이트 '파젤라 폴리티카'의 분석이었다.

이 밖에도 비슷한 사례는 수없이 많다. 가짜 뉴스의 기승이 전 세계적인 문제가 된 셈이다.

이제 사람들의 관심은 어떻게 가짜를 구별하고, 가짜 뉴스 유통을 차단할지에 맞춰지고 있다. 미국 내 대표적 팩트체킹 사이트인 '팩트체크 오알지'와 '더 팩트체커', '폴리티팩트'는 자신들의 홈페이지 등에 가짜 뉴스와 싸우겠다는 의지를 밝히면서 구체적인 구별법을 소개하기도 한다. 또 구글과 페이스북도 가짜 뉴스의 배격에 적극 나서기로 했다.

특히 페이스북은 지난해 12월 15일 전 세계 팩트체커들의 연대조직인 IFCN(국제팩트체킹네트워크)과 손잡고 플랫폼에 쏟아지는 허위 뉴스를 가려내는 작업을 할 예정이라고 공개적으로 밝혔다. 페이스북이 직접 개입하는 것이 아니라 의심스러운 뉴스가 발견되면 이를 신뢰할만한 제3자에게 전달해 진위를 대신 가려주는 방식이다. 이용자들도 참여한다. 가짜 뉴스로 보이는 글들에 대해 이용자들이 신고하고 이것이 일정 정도 쌓이게 되면 페이스북과 협력체계를 구축한 IFCN이 개입해 진위를 가려주는 방식이다.

가짜 뉴스라고 판정이 되더라도 페이스북에서 강제 퇴거를 명하지는 않는다. 다만 가짜로 판명이 나면 게시물에 '혼란스러운'disrupted이라는 마크와 함께 해당 뉴스를 신뢰할 수 없는 이유가 뜨기도 한다. 이런 마크가 뜬 기사들은 뉴스피드 상에서 노출도가 떨어지게 되며, 뉴스를 보낸 회사는 광고 콘텐츠를 실을 수 없도록 경제적인 압박도 병행한다.

페이스북이나 구글처럼 세계적인 영향을 미치는 플랫폼이 가짜 뉴스를 유통시키는 온상이 되고 있다는 지적에 대해 수용한 결과다.

가짜 뉴스가 미국이나 유럽만의 문제일까. 그렇지 않다. 우

What about the good things Hitler did?

I will be the first to admit that I am a proud Jew who supports the founding of Israel, the safety and protection of its people and the rights of Jews everywhere to a comfortable state of living without of bigotry and persecution.

But as I sat through the umpteenth history lecture covering the Holocaust and the millions of people who died while being persecuted for nothing more than their religion, sexual orientation or political beliefs,

Marcus My Words

are still in use today. Do you drive a Volkswagen? In German, Volkswagen means 'People's Auto.' It was a company that Hitler oversaw the creation of in order to provide low cost motor vehicles to the people of Germany. The Nazi's experimentation in jet propulsion and rocket science was carried on after the war by the United States by the National Aeronautics and Space Administration, better known to the world as NASA. His understanding of infrastructure

'탈 진실'과 함께 2016년 전 세계적인 관심을 끈 단어는 '가짜 뉴스'였다.

리도 이미 확인되지 않은 루머나 교묘하게 뉴스로 포장된 거짓 주장의 폐해를 경험하고 있다. 대선을 앞두고는 더욱 기승을 부릴 것으로 예상된다. 대선을 앞둔 대한민국도 이제 가짜 뉴스와의 전쟁을 선포해야 할 때가 된 듯하다.

트럼프, 이겼지만 검증은 계속 된다

—

지난해 미국 대선은 팩트체킹 저널리즘에 있어서는 획기적인 한 해였다. 질적으로나 양적으로 모두 그렇다. 양적으로는 미국 내에서만 52개의 독립적인 팩트체커나 팩트체킹 팀이 활동한 것으로 집계됐다. 또 퓨 리서치 센터Pew Research Center 조사에 따르면 미국 유권자의 83%가 정치 후보자나 선거캠페인에서 나오는 주장이나 발언을 검증하는 것이 언론매체의 책임이라고 생각하는 것으로 조사됐다. 이 같은 조사는 실제로 주요 팩트체킹 사이트의 기록을 연일 경신하는 것으로 나타나기도 했다. 일례로 폴리티팩트는 선거일을 즈음해 올해에만 1억뷰를 넘어섰다. 또 NPR이 시도한 실시간 검증 역시 최고 방문자 기록을 경신했다.

전 세계적으로는 지난해 연말 120개 가까운 팩트체킹 사이트가 활동하는 것으로 집계되기도 했다. 양적인 성장이다.

뿐만 아니라 지난해 미국 대선에서는 팩트체킹의 새로운 차원이라 할 수 있는 실시간 검증이 실제로 도입됐다. 아직 보완해야 할 대목은 있지만 TV토론을 진행하면서 후보자들의 주장을 그대로 검증해서 시청자들이 확인할 수 있게 됐다는 점은 놀라울 수밖에 없다. 컴퓨터 인공지능을 이용한 자동화된 사실검증도 한층 진일보했다.

그렇다고 긍정적 평가만 있는 것은 물론 아니다. 특히 대선 결과에서 트럼프 당선은 적잖은 충격을 안겨줬다. 사실검증을 업으로 삼고 있는 팩트체커들에게도 마찬가지였다.

대선이 끝난 뒤 국제팩트체킹네트워크 실무 책임자인 알

렉시오 멘잘리스가 평가한 대목은 의미심장하다. 그는 "이번 대선이 팩트체커들에게는 매우 어려운 선거였다"고 평가했다. 그 이유로 두 후보가 지닌 태생적 한계를 언급했다. 도널드 트럼프와 힐러리 클린턴은 미국 대선에서 36년 만에 가장 비호감인 후보와 그 다음의 후보가 맞붙었기 때문이라는 의미다.

알렉시오는 "팩트체커들이 트럼프에 대해 진지하게 검증하지 못했다고 비난받을 수는 없다"면서 "트럼프 주장은 이른바 빅3 팩트체커들로부터 일찍부터 검증을 받아왔다"고 설명했다.

다만 "그럼에도 불구하고 이런 것들도 탈음모론자들에게는 충분하지 않았던 것 같다. 왜냐면 트럼프가 그 모든 검증에도 불구하고 이겼기 때문"이라고 평가했다.

그는 대선 이후 나타나는 경향에 대해 우려했다. "미디어의 자기혐오가 인터넷에 넘쳐나고 있다"면서 "여론조사 전문가들은 (유권자 표심의) 불확실성을 제대로 대변하지 못했고, 케이블 뉴스는 무비판적이고 무감각한 트럼프 취재로 전파를 오염시키고 있으며, 눈치 빠른 석학들도 더 이상 (트럼프에 대해) 파고들기를 포기하고 있다"고 평가했다. 뿐만 아니라 "비평가들은 조만간 팩트체커들에게 시선을 돌릴 것이 분명하고,

불안한 자유주의적 논평가들은 다시 한 번 허무주의적인 사실검증의 해산을 주장할 것"이라고 내다봤다. 결과론적으로 사실검증이 무의미하고 쓸모없다는 식으로 평가하면서 자신들의 책임을 피하려는 태도라는 지적이다.

앤지 홀란 폴리티팩트 편집장의 대선 평가도 비슷하다. 그녀는 "한 후보자(힐러리)는 너무 계산적이어서 사람들은 그녀를 비밀스럽게 보거나 최악의 경우 거짓말쟁이로 봤으며, 다른 후보자(트럼프)는 사실관계에 너무 소홀하기 때문에 사람들은 그를 연예인으로 보거나 아니면 최악의 경우 거짓말쟁이로 봤다"고 평가했다. 두 사람 모두 신뢰할 수 없기는 매한가지였다는 평가다. 따라서 애초부터 진실과는 거리가 멀었던 트럼프와, 진실을 가장했던 힐러리의 진실 게임에서 치명상을 입은 것은 결국 힐러리였다는 해석도 가능하다.

그렇다고 이들이 검증을 포기하는 것은 물론 아니다. 폴리티팩트와 〈워싱턴포스트〉의 팩트체커 팀은 선거가 끝남과 동시에 트럼프의 공약이행 정도를 추적하는 작업에 돌입했다고 밝혔다. 폴리티팩트는 이미 오래전부터 대선공약을 점검하는 작업을 해왔지만 〈워싱턴포스트〉는 새롭게 공약검증을 시작했다. 예전에 시도한 적이 있었지만 중단했다가 다시 트럼프 행정부 출범에 맞춰 새롭게 도전하고 있는 셈이다. 트럼프 시대가 도래했다고 사실검증이 무의미해지는 것이 아니라, 더욱 철저한 검증이 필요하다는 것을 보여주는 대목이다.

빌 어데어 듀크대학교 교수도 대선 직후 〈뉴욕타임스〉에 기고한 글을 통해 다음과 같은 질문을 던졌다. "정치인들은 선거 당일에도 거짓말을 멈추지 않는다. 그런데 왜 선거가 끝나면 사실검증이 중단돼야 하는가?"

그는 이어 '팩트체크 오알지'의 유진 케일리의 말을 인용해 선거가 끝난 뒤에도 검증하는 것이 왜 중요한지를 강조했다. 케일리는 "(선거 후 검증은) 선거기간 동안 그들이 공약한 약속에 따라 행동하는지, 그리고 자신들의 입법 안건을 진전시키거나 상대방의 아젠다를 중단시키기 위해 교묘하게 팩트를 왜곡하는 두 측면 모두에 있어서 중요하다"고 말했다.

어데어 교수는 "팩트체킹은 독자와 시청자에 대한 봉사의 측면에서도 중요하다. 사실검증의 주요한 이유 가운데 하나는 정치적 주장을 듣고 그것이 사실인지 아닌지 궁금해 하는 사람들의 호기심을 충족시켜주는 것이다. 이런 주장은 이번 선거가 끝난 뒤에도 오랫동안 지속될 것이다. 그렇기 때문에 팩트체킹 역시 계속돼야 한다"라고 주장했다.

5

—

고수들의
비법전수

팩트체킹이 전 세계로 빠르게 확산되고 있지만 질적 수준이나 사회적 인식은 나라마다 천차만별이다. 새롭게 관심을 갖고 뛰어들거나 사이트를 개설한 지역에서는 많은 경험과 노하우를 지닌 선배들의 충고가 절실할 수밖에 없다. 세계적으로 팩트체킹 저널리즘을 선도해 가고 있는 선배 팩트체커들의 다양한 조언 속에는 팩트체킹의 근본 정신이 어디에 있는지, 그리고 어떤 태도로 팩트체킹을 해야 하는지 잘 담겨 있다. 말 그대로 팩트체킹의 정수를 보여준다.

"사실검증과 사실확인 혼동해서는 안 돼"

:: 빌 어데어(듀크대학교 교수)

—

"팩트체킹? 그건 언론인이라면 기본 아냐?"

너무 쉽게 생각했다. 듀크대학교 빌 어데어 교수로부터 팩트체킹이라는 단어를 처음 들었던 것이 언제인지 정확하지는 않다. 그러나 그 이전부터 기자생활을 하면서 수없이 들어왔던 얘기들이 '팩트를 거듭 확인하라'는 것이었다. 나는 그 말을 곧 팩트체킹(사실검증)과 일치시켰다.

'언론의 기본이 팩트를 확인하는 것인데 뭘 그리 새삼스럽게 팩트체킹을 강조할까' 의아했다.

2013년 7월부터 이듬해 여름까지 나는 미국 듀크대학교 샌포드스쿨(공공정책대학)에서 1년 동안 미디어 펠로우 프로그램 객원연구원으로 연수할 기회를 가졌다. 빌 어데어 교수를 처음 만난 것이 그 때다. 당시 어데어 교수는 듀크대학교에서 언론과 정치의 접점을 중심으로 강의를 하고 있었다. 어데어 교수는 백악관을 담당했던 정치부 기자 출신으로서 그가 현직에 있을 때 만든 폴리티팩트(Politifact.com) 활동으로 퓰리처상까지 받은 점이 학생들에게 크게 어필했다. 학부생을 대상으로 하는 수업을 청강하면서 어데어 교수의 저널리즘에 대

폴리티팩트 설립자이자
팩트체킹 운동을 주도하고 있는
빌 어데어 교수

한 열정을 매우 인상 깊게 느꼈다. 어데어 교수는 지금도 세계 팩트체킹 저널리즘을 주도하고 있는 거장이고 핫한 인물이기도 하다. 같은 언론인 출신이라는 점 때문인지 어데어 교수 역시 내게 이러저러한 조언과 함께 각종 궁금증에 대해 친절하게 설명해줬다.

당시 한국과 미국의 언론 현실에 대한 얘기도 나눴는데, 어데어 교수는 팩트체킹이 미국을 중심으로 이미 독자적인 저널리즘의 중요한 축으로 자리 잡고 있음을 알게 해준 결정적 계기를 제공해주었다. 지금도 많은 사람들은 팩트체킹을 언론이 당연히 해야 하는 '사실확인' 정도로 생각하는 경우가 많지만, 지금 국제무대에서 거론되는 팩트체킹은 이를 뛰어 넘는 훨씬 적극적 의미를 담고 있다. 아무튼 이렇게 맺은 어데어 교수와의 인연 덕분에 2014년 영국에서 열린 '제1회 글로벌 팩트체킹 서밋' 행사에 함께 갈 것을 제안 받았고, 국내 유일한 참석자가 됐다.

그 이후에도 2015년 2회 영국 런던 서밋과 2016년 3회 아르헨티나 서밋에 참석하면서 지금까지 어데어 교수와 인연을 이어오고 있다. 어데어 교수는 팩트체킹 저널리즘의 성과를 이렇게 설명했다.

"기존 언론이 고전하고 있는 상황에서 정치인들로부터 직접적인 압력을 받기도 하지만 독자들과 시청자들은 진심으로 그들의 팩트체킹 활동에 감사하고 있다. 이는 중요한 저널리즘의 한 영역이다. 한 가지 더 생각한 것은 열정이다. 팩트체킹 저널리스트들은 진심으로 열정적이고, 또 그래야만 한다. 그만큼 팩트체킹은 어려운 작업이다."

그는 팩트체킹이 얼마나 성장할지 그리고 기존 언론과의 관계는 어떻게 될 지에 대해서도 분명한 시각을 제시했다.

"사실 (세계적으로) 기성 언론은 굉장한 어려움을 겪고 있다. 제한된 취재원으로부터 팩트를 찾아가기가 쉽지 않다. 또 세계의 많은 언론기관들과 매체들도 비슷한 어려움을 겪고 있다. 이 과정에서 전 세계 각지에서 많은 팩트체킹 조직과 팩트체커들이 새롭게 출발했고, 그들이 기존 언론의 역할을 하고 있다. 기성 언론이 침체되는 동안 그것을 대체하는 역할을 하고 있는 것이 팩트체킹이다."

어데어 교수는 인터넷의 발달과 온라인 미디어 등장이 팩트체킹을 더욱 강화시킬 것으로 봤다. 2014년 당시에는 그렇게 전망했는데 2016년에는 자동화 검증 시스템과 실시간 검증이라는 기술의 혁신까지 이르게 됐다. 어데어 교수는 "인터넷과 모바일 기기들이 등장하기 전에는 상상할 수 없었던 일들이 지금은 가능해지고 있다. 그리고 소셜미디어 발달이 팩트체킹을 더욱 빠르고 멀리 나아갈 수 있게 만들고 있다"고 설명했다. 인쇄매체로는 도저히 상상할 수 없을 만큼 수많은 사람들에게 소셜미디어는 빠르게 다가가고 있다는 의미다. 특히 그는 미국에서 지난 2012년 대선 당시 어마어마한 독자들에게 팩트체킹이 다가갈 수 있었던 점도 소셜미디어와 인터넷 발달 덕분으로 평가했다.

중요한 선거 때를 계기로 팩트체킹이 성장하는 것에 대해서도 명쾌하게 정리했다.

"중요한 선거는 팩트체킹에 대한 기대를 높여주고 기회를 만들어준다. 그런데 다소 실망스러운 점은 미디어 간부들의 태도다. 그들은 선거 기간 동안에는 팩트체킹의 중요성을 인식하지만 선거가 끝난 뒤에는 이를 지속하려고 노력하지 않는 경우가 많다. 가령 호주에서는 많은 팩트체킹 단체와 팩트체커들이 선거가 끝난 뒤 이를 유지하지 않고 활동을 접는 경우가 대부분이었다."

실제로 우리나라에서도 지난 2012년 대선을 전후해서 팩트체킹이 일부 도입됐지만 선거가 끝난 뒤에는 대부분 흐지부지해졌던 전례가 있다. 어찌 보면 이런 흐름을 당연한 것으로 치부할 수도 있겠지만 팩트체킹의 본령은 아니다. 선거가 끝나도 지속적인 검증을 할 때 제대로 된 팩트체킹이라 할 수 있다.

어데어 교수가 "정치인들은 여전히 거짓을 말하고 잘못된 정보를 전달하고 있다. 그런데도 많은 언론사 간부들은 팩트체킹을 선거용으로 여기는 경향이 있다"고 말한 것도 이런 맥락이다. 선거기간 동안에만 팩트체킹이 유용한 것이 아니라 이 세상에 선거가 존재하는 한 지속적으로 필요하다는 의미다.

"팩트체킹은 선거 때 정치인들의 주요 발언만 검증하는 것이 아니다. 그들이 대중에게 약속한 것들이 얼마나 지켜지는지 계속해서 확인하고 검증하는 것 역시 팩트체킹의 주요 역할이다."

재정적 어려움은 공통의 관심사다. 팩트체킹뿐 아니라 세계적으로 유명한 기존 언론들도 재정 문제로 휘청거리는 경우가 한두 건이 아니다. 그럼에도 불구하고 새로운 틈새시장을 활용하면 가능성이 없진 않다는 게 어데어 교수의 설명이다.

"팩트체킹 조직이 어떻게 재정을 확보하고 지속성을 담보할지는 매우 중요한 문제다. 그동안 나는 팩트체킹 조직에 대한 후원자를 찾는 것만 생각했다. 그러나 다양한 국적의 팩트체커들이 재정을 마련하기 위해 그들이 가진 소스를 다양하게 활용하는 것이 인상적이었다. 우리는 좀 더 많은 새로운 시도를 할 필요가 있다고 본다. 일례로 이탈리아 팩트체킹 조직의 경우 매우 창의적인 아이디어로 재정 문제를 풀어가고 있다. 그들은 팩트체킹으로 확인된 데이터와 소스를 사람들에게 간략하게 설명하고 이를 더 필요로 하는 사람들에게는 유료로 서비스를 제공하면서 수익을 창출하고 있었다. 이런 방식은 한 번도 생각해보지 못한 방식이다. 팩트체킹은 탐사보도와 마찬가지로 중요한 공익서비스 성격이 강하다. 그러면서도 수익 모델을 만들어가는 것은 대단히 의미 있다고 본다."

그렇다면 팩트체킹은 반드시 정치에만 국한되는 것일까.

어데어 교수는 그것이 아니라고 설명한다. 팩트체킹의 진정한 의미는 사람들이 진짜인지 아닌지 알고 싶어 하는 정보에 대한 궁금증을 단순 명쾌하게 보여주고, 기성 언론이 놓치고 있는 정치인 발언이나 약속의 진실성을 명확하게 검증한 뒤 이를 공개하는 데 있기 때문이다. 정치뿐 아니라 미디어와 기업, 스포츠 영역까지 팩트체킹이 확대될 것으로 보는 이유가 여기에 있다. 실제로 일부 팩트체커들은 이미 이를 진행하고 있다.

그렇다고 팩트체킹을 단순히 기성 언론이 해 오던 '사실확인' 작업과 혼돈해서는 안 된다는 것이 그의 지론이다. 흔히 기성언론에서 얘기하는 사실확인은 내부의 데스크 기능과 젊은 기자들에 대한 훈련의 문제라고 설명했다. 팩트체킹은 그것을 넘어서는 하나의 새로운 저널리즘 영역이라는 것이 어데어 교수의 생각이다.

어데어 교수는 등급을 매겨서 보여주는 평가 시스템에 대해서도 쉽게 설명한다. 일부 팩트체커들은 평가 시스템을 활용하지 않고 있다. 그러나 어데어 교수는 평가 시스템이 검증 결과를 대중들에게 전달하는 강력한 무기가 될 수 있다고 강조한다.

"폴리티팩트의 진실측정지표인 'Truth-O-Meter'는 검증된 팩트를 대중들에게 단순하고 이해하기 쉽게 전달하는 강력한 전달수단이다. 기존 언론들은 사실검증을 하면서도 이를 매우 지루하게 만들고 있다고 생각한다. 마치 채소가 건강에 좋다는 내용을 기사로만 잔뜩 쓰는 것과 마찬가지다. 우리는 검증된 내용을 시각적으로 보여주는 것이다. 우리가 사용했던 '오바미터' 역시 오바마 대통령이 선거 때 약속했던 내용이 얼마나 거짓이고 진실인지를 보여주는 데 굉장히 유용한 도구가 된다."

그는 한국 사회에 대해서도 조언을 아끼지 않았다. 진영 논리나 정치적 공방이 심각한 한국 사회에서 팩트체킹이 뿌리내리기 쉽지 않다는 평가에 대해 어데어 교수는 "미국도 마찬가지"라며 적극적인 도전을 할 것을 주문했다.

"미국의 많은 저널리스트들 역시 정치인에 대한 팩트체킹을 꺼리는 경우가 많다. 이유는 간단하다. 정치인들을 화나게 하고 불편하게 만들고 싶지 않기 때문이다. 이는 저널리즘의 불행한 현실이다. 이제 정치인들은 단순한 비판기사에는 만성이 됐다. 그래서 팩트체킹이 필요한 것이다. 무엇이 진실이고 무엇이 거짓인지 간단명료하게 보여줘야 한다. 팩트체킹은 굉장히 어렵고 힘든 저널리즘 영역이다. 갈수록 환경은 복잡해지고 있다. 그럼에도 보다 분명하고 명료한 결론을 보여줘야 한다. 그렇기 때문에 팩트체킹은 미디어에 대한 독자와 수용자들의 신뢰를 회복시키는 데 도움을 준다고 믿는다."

더 나은 팩트체킹을 위한 일곱 가지 체크리스트

:: 앤지 홀란(폴리티팩트 편집장)

—

폴리티팩트 초기 멤버이자 현 편집장인 앤지 홀란을 2014년 영국 런던에서 열린 '제1회 글로벌 팩트체킹 서밋'에서 처음 만났다. 앤지 홀란은 이 행사에서 참석자들을 위한 강연을 진행했다. 이때 다뤘던 주제가 바로 '더 나은 팩트체킹을 위한 일곱 가지 단계'다. 홀란은 언론인, 교육자, 학생들, 유권자들로부터 "어떻게 작업을 하느냐"는 질문을 종종 받는다고 말했다. 당시 홀란은 "만약 당신이 사실검증을 하려 한다면 어디에서 시작할 것인가"라는 질문을 던지면서 자신의 얘기를 풀어갔다.

팩트체킹은 전통적인 저널리즘과 크게 다르지 않지만 약간의 다른 관점도 갖고 있다. 특히 사실관계를 입증하기 위해 끈질기게 집중한다는 점이 그렇다. 만약 당신이 팩트체킹을 한다면 당신의

현재 미국에서 가장 광범위한 네트워크와 영향력을 갖고 있는 팩트체킹 조직 폴리티팩트의 편집장 앤지 홀란.

목표는 모든 사실관계를 밝히는 것이어야 한다. 수년 동안 우리는 좀 더 강력하고 효과적인 탐색 전략을 찾아왔다. 증거를 찾아 수색할 때 우리는 그 어떤 것도 놓치지 않고 확인하기 위해 체크리스트를 사용한다.

이와 함께 홀란은 어떤 형태의 팩트체킹에도 사용할 수 있도록 체크리스트를 공개했다. 홀란이 공개한 전천후 체크리스트가 바로 이것이다.

첫째, 주장한 사람에게 근거를 물어봐라.

가장 기본이지만, 팩트체킹을 시작하기에 가장 좋은 지점이기도 하다. 사람들이 사실에 바탕을 둔 발언을 할 때는 그것이 아무리 즉흥적인 발언이라 할지라도 대부분의 경우 자기의 논리가 어디에 근거한 것인지 당신에게 알려줄 수 있다. 왜냐하면 보통의 사람이라면 아무렇게나 자신의 논리를 지어내지 않기 때문이다. 비록 그것이 팩트가 틀린 발언일지라도 마찬가지다. 그래서 발언자에게서 받은 근거를 (체크리스트처럼) 팁으로 사용할 수 있다.

이러한 팁을 바탕으로 더 많은 근거를 찾아갈 수 있다. 발언자가 제공한 근거를 뒷받침하는 또 다른 근거를 찾을 수도 있고, 그와 상반되는 근거를 찾을 수도 있을 것이다.

그리고 공정성을 위해 발언자에게 "내가 팩트체킹을 하겠다"라고 말해주는 것도 잊지 말자. 그들도 그들의 관점, 그들의 주장에 대한 배경 설명을 할 수 있게 말이다.

둘째, 다른 팩트체커들이 당신보다 먼저 찾았던 것을 살펴봐라.
우리는 모두 오리지널을 좋아하지만 어떤 발언을 살펴보는 팩트체커가 사상 최초가 되는 일은 매우 드물다. 당신이 조사하고 있는 것이나 혹은 적어도 비슷한 어떤 것에 대해 다른 사람이 연구했거나 쓴 것을 발견하는 일은 매우 자주 발생한다. 우리는 다루려는 주제에 대해 폴리티팩트 기록보관소에서

8,000개 이상의 기록을 점검한다. 또 우리의 친구들 즉 '팩트 체크 오알지', 〈워싱턴포스트〉의 '팩트체커', '스눕스'나 다른 팩트체킹 사이트에서 이미 진행했던 작업도 확인한다. 그러고 나서 우리는 적절한 신뢰도를 부여한다. 그들이 무엇을 찾아냈는지 살펴본 뒤에 우리 스스로 사실관계를 입증한다. 또 만일 그 주제에 대해 이미 발견된 것이 많이 있다면 새로운 아이디어와 관점으로 접근해 나간다.

셋째, 구글링을 하라. 그리고 또 찾아라.

구글 검색도 기본이다. 구글 알고리즘은 매우 위력적이다. 만일 당신이 몇몇 단어의 타이핑으로 시작했다면 구글이 어떤 용어를 제시하는지 조심스럽게 살펴봐라. 구글의 앞선 검색 기능은 당신이 구체적인 사이트나 시대를 찾도록 허락할 것이기 때문이다.

또 한두 가지 검색어를 치는 데 만족하지 말고 당신이 할 수 있는 최대의 검색어 조합을 활용하라. 가령 당신이 기후변화에 대해 찾고 있다면 'climate change'(기후변화), 'global warming'(온난화), 'carbon emissions'(탄소배출), 'carbon capture'(탄소포집), 'EPA regulations'(유럽생산성본부 규제), 'cap and trade'(배출권 거래제) 등을 두루 찾아봐야 한다. 구글 검색 기능 사용법을 배우기 위해 스스로에게 도전하라. 그러면 당신은 PDF 파일이나 폴리티팩트 같은 도메인 이름도 찾을 수 있게 된다. 구글 검색 기능을 배우는 것은 시간이 걸리지만 그만한 가치가 있다.

넷째, 딥웹Deep Web을 검색하라.

딥웹은 무엇인가. 딥웹은 인터넷 영역이지만 일반 검색 엔진으로 검색이 가능한 표면 웹surface web처럼 표면 검색을 허용하지 않는다. 말하자면 데이터베이스나 유료 구독 사이트를 의미한다. 우리도 마찬가지다. 우리는 수십 년 된 의회 표결이나 공개 논평, 뉴스 보도 등을 검색하기 위해 Lexis/Nexis, CQ 같은 데이터베이스를 유료로 이용한다. 또 우리는 폐쇄 자막이나 TV쇼에서 비판적 논평을 찾기 위해 데이터베이스를 이용한다. 그리고 사람들이 웹에서 끌어 내놓은 오래된 정보를 찾기 위해 인터넷문서기록보관소(무료)를 이용하기도 한다. 온라인에는 새로운 데이터베이스가 항상 올라오고 있다는 점을 명심해야 한다. 그래서 비록 어제 그곳에 없었다고 해서 오늘도 없을 것이라고 단정하지 말아야 한다. 구글 검색 결과도 마찬가지다. 만약 유료사이트 비용이 부담스럽다면 당신이 있는 지역 공공도서관을 확인해봐라. 당신이 핀코드와 도서관 카드만 갖고 있다면 손쉽게 상업적인 사이트에도 접근할 수 있도록 해준다.

다섯째, 다른 관점을 지닌 전문가를 찾아라.

전문가들은 당신이 찾지 못하는 것을 찾도록 도와줄 수 있다. 때론 당신이 이미 찾은 것에서 중요한 맥락을 짚어주기도 한다. 종종 복잡한 주제에 대해 당신이 그릇된 가정을 하는 것을 막아주기도 한다. 그리고 전문가들에게 당신을 도와줄 수 있는 또 다른 전문가가 있는지 반드시 물어봐야 한다. '혹시 당신과 다른 견해를 지녔지만 존경할 만한 전문가가 있습니까?' 또는 '이런 이슈에 대해 권위를 가진 전문가를 추천해 줄 수 있습니까'라고 물으면 된다.

정치에 있어서 미국은 양당 체제이지만 세계는 그것보다 훨씬 더 복잡하다. 그래서 당신은 특정 이슈나 논쟁에 있어서 두 측면 이상을 찾아내야 한다. 전문가들은 당신이 흑백논리를 넘어서 복잡한 스펙트럼을 묘사할 수 있게 도와줄 것이다.

여섯째, 책을 확인하라.

만약 당신이 데드라인에 쫓겨 책 전체를 읽을 시간이 없을 때 아마존을 검색하면 당신이 인터뷰할 작가를 검색할 수 있다. 아마존의 'search inside the book'은 당신이 기술적 용어설명이나 인용문을 찾을 수 있게 도와준다. 또 웹사이트 'WorldCat.org'는 책을 찾는 데 도움을 줄 뿐 아니라, 그 책이 있는 도서관 중에서 당신으로부터 가장 가까운 곳을 소개하기도 한다. 그리고 많은 전자책이 있어서 공급자로부터 그것을 사거나 인터넷 문서저장소나 지역도서관에서 무료로 다운로드를 받을 수 있다. 신문이 됐든 아니면 전자 태블릿이 됐든, 책에는 풍부한 콘텐츠와 정보원이 있다.

마지막, '그 밖에 무엇이 있을까' 되물어본다.

당신은 이런 표현을 들어본 적 있을 것이다. '지금 알고 있는 것을 그때 알았더라면 좋았을 텐데'라고. 위에서 지적한 요점 속으로 당신이 깊숙이 들어가면 팩트체킹은 다가올 것이고, 당신은 조사하고자 하는 주제에 대해 훨씬 더 많이 알게 될 것이다.

당신이 휴식이 필요하거나 크게 한 바퀴 돌아왔을 때 스스로에게 이런 질문을 던져봐라.

"내가 찾아보지 않은 것은 무엇이 있을까?"

"누구와 얘기해볼 수 있을까?"

"내가 고려해야 할 다른 관점은 무엇이 있을까?"

생각하기 위해 절차에 따라 휴식을 취하는 것은 종종 최종 단계의 문을 열 수 있게 하거나 팩트체킹의 성공을 보증하는 결정적인 정보 조각을 얻게 해준다.

팩트체킹 전에 고려할 일곱 가지 팁

:: 알렉시오 멘잘리스(IFCN 디렉터)

—

알렉시오 멘잘리스Alexios Mantzarlis는 이탈리아 출신의 팩트체커다. 이탈리아 팩트체킹 사이트인 '파젤라 폴리티카' 설립자이기도 하고 현재 글로벌 팩트체킹 운동을 주도하고 있는 '국제팩트체킹네트워크'IFCN, International Fact-Checking Network의 실무책임자director다. 그의 조언도 귀담아 들을 만하다. 여기에 알렉스가 제기하는 일곱 가지 팁이 있다.

첫째, 오해가 어떻게 번져 나가는지 알아야 하고, 이를 어떻게 바로잡는 것이 가장 효과적인지 배워야 한다.

소셜미디어 상이나 실제 상황에서 사람들이 어떻게 그들의 마음을 바꾸는지에 대한 풍부한 연구가 있다. 그리고 효과적으로 팩트체킹을 하기 위해서는 어떤 형태가 가장 적당한지

이탈리아 출신의 팩트체커로서 현재 글로벌 팩트체킹 운동을 주도하는 국제팩트체킹네트
워크의 실무 책임자 알렉시오 멘잘리스(왼쪽에서 두 번째)

에 대한 연구도 있다. 당신은 신념의 울림이나 정파적 편견,
사실관계에 대한 믿음, 그리고 팩트체킹의 효과에 대한 상호
작용을 잘 숙지하고 있어야 한다.

　만일 당신이 진심으로 남들과 다른 팩트체킹을 하길 원한
다면 당신은 독자들과 정치인들이 그것에 대해 어떻게 반응
할지 이해해야 하고 확신해야 한다.

**둘째, 당신이 검증하기를 원하는 것이 무엇이고 누구인지 결정해
야 한다.**
당신이 감당할 수 없는 검증 대상을 설정하거나 당신이 해결
할 수 없는 것에 대한 기대감을 독자들에게 줘서는 안 된다.

만약 당신이 2~3명의 팀을 구성했다면, 다룰 수 있는 인물과 주제를 정하고 이를 지속적으로 취재하는 데 집중해야 한다.

더 큰 팀을 이루고 있다 하더라도 당신이 취재할 것과 하지 말아야 할 것을 제한함으로써 독자들이 당신네 사이트를 무분별한 팩트체킹 집합소가 아니라 정보원으로 이용하게 해야 한다.

셋째, 연구방법론을 세우고 이를 공개적으로 공표해야 한다.

팩트체킹을 설명하는 일은 매우 간단하다. 그러나 일관되고 지속적인 방법으로 실행에 옮기기는 쉽지 않다. 우선 당신이 검증할 대상을 어떻게 선택할지 결정해야 한다. 어떤 면에서 그것은 잠재적 편견을 최소화하고, 정치인에 대한 영향력과 독자들의 효용성을 최대화할 것이다. 또 어떤 소스가 신뢰할 수 있는지 또는 신뢰할 수 없는지도 분명히 해야 한다.

아울러 만약 당신이 판정 시스템을 제공한다면 그것이 어떻게 결정되고, 등급 간 차이는 무엇인지도 분명하게 밝혀야 한다. 뿐만 아니라 당신의 방법론을 공개하고 다른 어떤 매체와 비교해보더라도 가장 투명하고 정직한 정정보도 정책을 수립하도록 해야 한다. 이런 과정 모두가 당신이 정치인이나 정당 활동가들로부터 반발(공격)을 받을 때 당신에게 도움을 준다.

넷째, 팩트체킹은 모든 것을 의심해야 한다.

당신은 권위 있는 기관의 자료조차도 무시할 수 있는 준비를 해야 한다.

어느 코스타리카 탐사저널리스트는 일전에 내게 "(사람들은) 유엔에서 나온 자료를 마치 그것이 신의 언어인 듯 취급한다. 그러나 나는 그것에 동의할 수 없다"라는 말을 한 적이 있다.

팩트체커들은 어떤 주장에 대한 사실확인을 위해 원자료를 찾아볼 때 적절한 회의주의를 지녀야 한다. 그것이 유엔이 됐든 아니면 상호심사 저널이 됐든 마찬가지다.

어떤 주장들은 당신이 사실확인을 할 수 없을 수도 있다. 그럴 경우에는 활용 가능한 데이터를 갖고 어떤 것을 검증할 수 있는지 또 어떤 것은 검증할 수 없는지를 분명히 해야 한다.

다섯째, 어떤 형태나 포맷이 당신에게 최상의 효과를 가져다줄지 고민해야 한다.

팩트체커들은 하이퍼텍스트를 사랑한다. 그것은 팩트체커들에게 복잡한 기사내용에 대한 추가적인 맥락과 정확한 출처를 제공하기 때문이다. 그러나 (이것이) 모든 독자와 청중들에게 다다르기 위한 가장 효과적인 방법은 아니다. TV 방송을 활용하거나 젊은 오디언스가 편하게 접하는 매체, 가령 GIF 이미지, 애니메이션 비디오, 혹은 미국 10대들을 중심으로 큰 인기를 끌고 있는 사진 공유 SNS인 스냅챗 등도 대안이다.

여섯째, 당신네 재정을 선거 주기와 분리시켜야 한다.

자금 제공자나 고객들은 선거캠페인이 가열되는 동안에는 당신들의 활동을 지지하고 지원하기를 기꺼이 받아들인다. 그러나 일단 선거가 끝나면 갑자기 가볍게 여기는 경향이 있다. 마치 투표가 끝나면 정치인들의 거짓말까지 멈춘다고 생각하거나 약속을 지키지 않는 것에 대한 책임도 줄어든다고 생각하는 듯하다.

그래서 새로운 사이트를 열 때는 나중에 시간에 쫓기거나 새로운 수익원을 찾지 못할 때를 대비해 확실한 지원과 자금 제공처를 확보해 두는 것이 좋다.

일곱째, 최고의 팀을 만들어라.

이것은 아마 어떤 형태의 인간 활동에도 모두 해당될 것이다.

그러나 팩트체킹이라는 공공서비스의 사명감을 진지하게 공유하고 있는 정직한 동료들이 없으면 당신은 어디에도 갈 수 없다. 당신이 모든 면에서 전문가일 필요는 없다. 비록 학문적인 영역과 직업적인 배경이 혼재돼 있더라도 그것 역시 나쁘지 않다. 당신에게 필요한 것은 호기심 많고 박학다식하며 선의를 지닌 일련의 그룹이다.

당신 혼자서는 멀리 가지 못한다. 모든 팩트체커들은 자신만의 사실검증을 위해 다른 누군가가 반드시 필요하기 때문이다. 보다 철저하게 검토할수록 보다 나은 결과가 뒤따를 것이다.

매주 미국 대통령을 모욕하는 사나이

:: 글렌 케슬러(〈워싱턴포스트〉 칼럼니스트)

—

이 글은 지난 2014년 겨울 모로코에서 '팩트체킹 저널리즘의 글로벌 성장'이라는 주제로 강연했던 글렌 케슬러의 연설문이다. 앞서도 소개했지만 그는 〈워싱턴포스트〉 외교안보 전문기자이자 칼럼니스트이며 피노키오 지수로 유명한 대표적인 팩트체커다. 그의 연설문은 팩트체킹에 대해 누구나 이해하기 쉽고 압축적이며 단순 명쾌하게 설명하고 있다. 전반적인 내용은 원문 그대로 반영했고, 일부 내용은 이해하기 쉽게 바꿨다. 우리 사회와 크게 관련 없는 모로코의 특수한 사정에

탁월한 안목과 철저한 검증으로 유명한 팩트체커 글렌 케슬러

대한 내용은 생략했다. 연설의 도입부와 마무리가 특히 인상
적이다.

거의 매주 나는 미합중국 대통령을 모욕한다. 무엇이 내게 이
런 힘을 줬을까. 나는 미국의 메이저 언론사 중 하나인 〈워싱
턴포스트〉에서 일하는 정치 팩트체커다.

　팩트체킹은 지난 수년 사이에 정치의 근본부터 흔들고 있
는 새로운 형태의 저널리즘이다. 지금 팩트체커들은 전 세계
에 퍼져 있다. 아르헨티나, 칠레, 영국, 이탈리아, 보스니아,

남아공, 이집트, 인도, 대한민국에 이르기까지.

지난 2010년 이래 적어도 50개 이상의 팩트체킹 사이트가 새롭게 출발했다. 팩트체킹의 목표는 정치인들이 그들의 발언에 책임을 지도록 붙잡는 것이다. 너무나 오랫동안 정치인들은 그들의 말에 대한 철저한 검토 없이 주장을 해왔다.

당신은 아마도 어린이 동화 피노키오를 들어봤을 것이다. 그는 거짓말을 습관적으로 하는 작은 인형이었다. 그리고 그가 거짓말을 하면 그의 코는 점점 자라났다. 정치인들 역시 똑같다. 그래서 팩트체커들이 등장했다.

나는 정치적 발언의 정확도에 대해 얼마나 많은 피노키오를 줄지 결정하면서 등급을 매긴다. 피노키오 하나는 발언이 약간 부정확하다는 의미다. 피노키오 네 개는 허풍선이를 의미한다. 완전한 오류다. 나는 잘 사용하지 않지만 어떤 사람들은 그것을 거짓말이라고 한다. 유감스럽게도 나는 아주 가끔 어떤 발언이 완벽한 진실이라는 점을 발견할 때가 있다. 그럴 경우 매우 드물게 '제페토' 표시를 부여한다.

아무튼 나는 미합중국 대통령이 어떤 것에 대해 부정확하게 말할 때 그에게 피노키오를 준다. 사실 나는 그에게 피노키오 네 개를 준 적이 많다. 다시 말해 내가 미국 대통령을 '거짓말쟁이'라고 공표한 것이다. 그래서 아마 오바마 대통령은 나의 팩트체킹을 좋아하지 않을 것이다. 그러나 미국 헌법은 언론의 자유를 보장하고 있다. 따라서 오바마 대통령이 거기에 대해 할 수 있는 것은 별로 없다.

사실 대통령은 종종 내가 쓴 것에 대해 주의를 기울인다. 한 번은 "미국에서 여성은 남성들에 비해 77%를 번다"고 오바마가 말했다. 그러나 그 통계는 잘못됐다. 만일 좀 더 다양한 요인을 적용하면 그 간극은 5%로 줄어든다. 77%는 오류라는 것에 대해 쓰고 난 뒤부터 오바마는 그에 대한 발언을 그만뒀다.

오바마는 또 총기구입 시 신원조사에 대한 어떤 통계를 반복적으로 사용했다. 그러나 그것 역시 벌써 20년이나 된 것이고 더 이상 관련도 없다. 그것은 상당한 오류다. 내가 그 사실을 반복적으로 강조하면서 오바마 대통령에게 세 개의 피노키오를 주고 난 뒤 대통령은 그 통계사용을 멈췄다.

나는 오바마에 대해 많이 언급했다. 그것은 그가 미국의 정치 지도자이기 때문이다. 뿐만 아니라 나는 야당(공화당)에 대해서도 그만큼 엄격하게 팩트체크를 하고 있다.

여러분은 2012년 미국 대선에서 오바마의 경쟁자였던 밋 룸니에 대해 관심이 있을지 모르겠다. 룸니는 "미국인은 그들의 국가國歌가 울리는 동안 손을 가슴에 얹고 있는 지구상 유일한 사람들"이라고 주장한 바 있다. 그러나 그 생각이 틀렸음은 유튜브 동영상을 보는 것으로 금세 드러났다.

여러분도 세상의 많은 나라에서 국가가 연주될 때 손을 가슴에 얹고 있는 국민들 이미지를 찾을 수 있을 것이다. 그래서 나는 룸니에게 4개의 피노키오를 줬고, 그는 그 얘기를 중단했다.

물론 오바마나 다른 정치인들이 나의 피노키오를 완전히 무시하거나 의심하는 경우도 수없이 많다. 특히 선거가 치열하게 진행될수록 진실을 말하는 것보다 사실을 호도하는 문제가 명백하게 중요하다.

2012년 대선에서 나는 오바마 대통령과 그의 경쟁자인 밋 룸니 전 주지사에게 도전했다. 나는 실질적인 정책 이슈를 다루며 15분 이상 지속되는 어느 선거연설을 검토했다. 그 결과 단순명쾌한 사실오류나 허위진술을 발견하지는 못했다.

그것은 그들 기록이 사탕발림도 아니고 과장도 아니라는 것을 의미했다.

엄밀히 말하자면 거짓증언도 아니었다. 다만 전후 문맥의 논리성이 절대 부족했다. 그런데 이것을 지적한 나의 칼럼에 대해 아무도 인정하지 않았다.

심지어 그들은 고약하게 나를 들볶는 이메일조차 보내지 않을 정도로 철저하게 무시했다. 그때 나는 모든 정치인들이 정치적 이득을 준다는 믿음이 있어야만 진실을 향해 손을 뻗는다는 사실을 절감했다.

나는 정치인들의 행동을 변화시키기 위해 칼럼을 쓰진 않는다. 팩트체킹의 목적은 시민들을 교육하는 것이다. 만약 사람들이 좀 더 많은 정보를 얻게 된다면, 그리고 정치인들의 주장에만 의존하지 않는다면 그들은 훨씬 나은 선택을 할 것이다.

이런 이유로 정치적 사실검증은 민주사회에서 독립 저널리즘의 필수 요소가 됐다. 팩트체킹은 정치인들과 유권자 양자 모두에게 논쟁할 것이 없는 사실 즉 진실이라 불리는 것이 있음을 가르친다. 진정으로 편견 없는 사실에 입각한, 유익한 보도는 민주주의의 근간이다. 언론 자유 없이 진정한 민주주의를 실현하는 것은 불가능하다.

미디어는 관계 당국에 도전과 질문을 제기할 수 있고, 그들의 발언에 책임을 지도록 할 수 있다. 어떤 정부도 당혹스러운 정보를 기사화했다고 언론인을 협박하려고 시도해서는 안 된다.

워터게이트 사건으로 유명한 〈워싱턴포스트〉는 리처드 닉슨 대통령을 사임하도록 만들었다. 그것은 고위 공직자들이 숨기고 싶어 하는 비밀을 폭로한 주의 깊고, 성실한 최고의 탐사보도였다. 〈워싱턴포스트〉는 내부에서도 엄청난 회의론에도 불구하고 탐사를 계속했고, 닉슨 행정부로부터 엄청난 압력을 받기도 했다.

보도에 있어서 가장 중요한 부분은 누가, 언제, 어디서 말했으며, 어떤 일이 벌어졌는지 정확하고 공정하게 보도하는 것이다. 그러나 정치 분야를 담당하는 많은 기자들은 이런 종류의 보도가 결과적으로 덫에 빠지게 됨을 발견하곤 한다. 정치인 발언을 다루는 기자가 그 발언이 사실에 입각한 옳은 내용인지 찾아내기 위한 시간과 공간이 많지 않다.

더욱이 '그가 말했다' '그녀가 말했다'라는 받아쓰기 경향의 기사들 속에서 독자들은 정치인들의 관점이 완전히 정반대를 왔다 갔다 하는 탁구공 같다는 것을 알 수 있다.

인용은 정확할 수 있다. 어쨌든 정치인이 말했다는 그것이다. 어떤 이슈의 양 측면 모두를 인용하는 것은 확실히 공정하고 중요하다. 그러나 주장과 반대 주장을 통해 새로운 사실을 분류하려고 시도하는 독자들에게는 도움이 되지 않을 수도 있다.

정치인 발언에 대한 사실검증이라는 새로운 흐름은 그들 발언의 정확함을 입증할 책임을 정치인 스스로에게 부과했다. 더 이상 저널리스트들은 속기사가 아니다. 대신 우리는 입증을 요구해야 한다. 책임과 의무를 주장해야 한다.

물론 모든 문화는 각자의 규범과 기준을 갖고 있다.

저널리즘도 마찬가지다. 어떤 나라들은 저널리스트들에게 특정 주제에 대한 접근을 엄격하게 제한하기도 한다. 그러나 그런 레드라인에도 불구하고 나라 경제나 국가 예산, 의료·연금제도 등 일반인들의 삶에 직접적 영향을 미치는 팩트체킹을 위한 주제는 많다. 저널리스트들은 정치인들의 주장이나 수사修辭에 도전하지 않은 것을 용서받는 방법으로 레드라인을 악용해서는 안 된다.

사실 팩트체킹은 전 세계적으로 다양한 방식으로 적용돼왔다.

칠레의 엘 폴리그라포는 단 1년 만에 얼마나 많은 대선 후보들이 그들의 이력서를 날조했는지를 포함한 일련의 폭로로

그 나라 정치 근간을 뒤흔들었다. 영국의 팩트체킹 사이트 풀 팩트는 정치인뿐 아니라 미디어에 대해서도 검증을 한다. 그리고 사실을 호도할 수 있는 신문 등 출판물의 교정(수정)도 추구한다. 우크라이나의 웹사이트 스톱페이크는 구멍 난 신화나 소셜미디어에 갑자기 등장하는 러시아의 프로파간다 노출에 관심을 기울이고 있다. 아르헨티나의 체쿠웨도는 주요 언론 이벤트를 통해 대통령 연설과 같은 크라우드 소싱을 요청했다. 그리고 이들은 정부통계가 의심스럽기 때문에 전문가들과 다른 소스를 통해 그들 자신만의 통계자료를 모으고 있다.

사실 체쿠웨도에 영감을 받아 최근 수개월 동안 사실검증 웹사이트가 남미의 브라질, 우루과이, 코스타리카, 콜롬비아에서 새롭게 나타났다. 또 새로운 팩트체킹 사이트가 멕시코와 엘살바도르, 과테말라, 페루, 니카라과 등에서 오픈을 준비 중에 있다.

아프리카 체크는 남아공에 기반을 두고 있고, 팩트체크 EU는 벨기에 웹사이트로서 EU의회 정치인들의 발언을 모니터한다. 두 사이트 모두 독자들의 기부금을 환영한다.

팩트체크 EU는 통역을 하거나 정치인 발언에 대한 순위

투표 등을 통해 독자들이 팩트체킹에 참여하도록 하고 있다. 또 최고의 팩트체킹을 선별하기 위한 독자투표도 진행한다.

이것만이 아니다. 전 세계 지도자들이 호주에서 열린 G20 정상회의에 참석할 때 세계의 팩트체커들도 연합군을 결성했다. 이탈리아, 호주, 벨기에, 브라질, 아르헨티나, 미국, 남아공, 터키 등에서 온 뉴스 기관들이 정상회의에 참석한 리더들의 발언을 조사했고, '팩트체커톤'이라고 부르는 세계 최초의 글로벌팩트체킹을 만들어냈다.

그 결과 세계의 많은 지도자들이 그들 나라의 경제 수치에 대해 다른 나라 정상들에게 설명할 때 특히 과장하는 것으로 드러났다. 놀라운 일도 아니었다.

팩트체킹의 또 다른 목표는 정부의 약속을 추적하는 것이다. 모든 대통령과 수상들은 그들이 문제를 개선하고 법을 바꿀 것을 약속함으로써 선거에서 승리하길 원한다. 그러나 얼마나 많은 지도자들이 그 약속을 완전히 이행할까.

이집트에서는 언론인 그룹이 모리스미터라는 것을 시작했다. 그것은 축출된 대통령과 현 대통령이 처음 100일 동안 이룰 것이라고 약속한 64가지 공약을 추적하는 대담한 시도다. 그 결과 64개 공약 가운데 겨우 10개만 완성했다. (최근에 확인결과 나머지 54개 공약 가운데도 진행 중인 것이 24개에 불과했다. 이로 인한 국민들의 만족도 역시 39%에 불과했다.) 이런 기술은 이란의 하산 루하니 대통령의 대선공약을 추적하는 '루하니 미터'를 만들었기 때문에 가능했다.

미국의 폴리티팩트는 버락 오바마 대통령이 2008년부터 2012년까지 임기 내에 하겠다고 약속한 500개가 넘는 공약을 추적했다. 오바마는 어떻게 했을까.

'오바미터'가 보여준다. 45%가 지켜졌고, 24%는 결과적으로 지켜질 것이다. 그러나 22%인 116개 공약은 무산됐다. 그리고 39개 공약은 완성되거나 실패하거나 여전히 미지수다. 폴리티팩트 오바미터는 때때로 백악관이 인용할 만큼 매우 포괄적이고 종합적이다. 결국 500개가 넘을 정도로 너무 많은 공약은 지키기도 어렵고 방향을 잃기 쉽다는 것을 보여준 셈이다.

그럼에도 불구하고 만약 정부의 약속이 정기적으로 점검 (추적)된다고 상상해 봐라.

정부가 발표한 대로 재정 적자를 줄이고, 교육을 개선하며, 일자리를 창출하겠다는 목표를 실제로 달성할 수 있지 않을까. 바로 지금, 여기에 있는 사람 중에 그 대답을 할 수 있는 사람은 거의 없을 것이다.

그러나 만약 그런 약속이 점검되고, 지켜지는지 그렇지 않은지 평가된다면 그때는 아마도 정부가 그 진행 상황을 보여주기를 훨씬 더 간절히 원할 것이다.

정부 역시 자신들이 한 약속을 지키기 위해 스스로를 훨씬 더 독려할 것이다.

앞서 말했듯이 내 칼럼의 핵심 목표는 뉴스 소비자들이 사실에 입각한 진술에 대해 더 나은 판단을 할 수 있도록 돕는 것이다. 나는 독자들이 애매모호한 말이나 정치인들 연설에 담겨 있는 '사실보다 훨씬 더 장밋빛' 혹은 '훨씬 더 끔찍한 상황 묘사'에 대해 좀 더 사려 깊게 접근할 수 있도록 돕고 싶다.

예를 들어 오바마 대통령은 팩트에 대해 질문을 시작하는 팩트체커들에게 영리하게 단어 한두 개를 첨언해 설명하기도 한다. 2012년 대선에서 오바마 대통령이 공표한 것을 예로 들어보자. 당시 대통령이 자동차 세일즈맨 같은 얘기를 했다. 그는 크라이슬러가 이자와 함께 대출상환을 했을 뿐 아니라, 그 회사가 빌린 것 이상을 되돌려줬다고 말했다. 그러나 그때 대통령이 애매모호한 말로 뒤통수를 쳤다는 것을 알았을 것이다. 그 말은 바로 '내 임기 내'라는 점이다.

그것이 의미하는 것이 무엇일까. 당시 오바마는 오직 85억 불의 대출금만 계산했고, 조지 부시 대통령이 임기 마지막에 대출해줬던 40억 불을 포함시키지 않은 것이다. 결국 미국의 납세자들은 모든 것을 고려해볼 때 125억 달러의 전체 투자금 가운데 약 112억 달러만 돌려받아 약 13억 달러를 회수하지 못한 것이 된다.

그런데도 오바마식 계산법에 따르면 크라이슬러는 부시 행정부 대출의 70%에도 못 미치지만 오바마 행정부 대출금의 100% 이상을 상환했다. 좀 더 엄밀하게 말하자면 두 정부 수치를 합쳐서 미국의 세금 납부자들은 자신들이 투자했던 것의 90%만 돌려받았다.

그러나 오바마는 자신의 문장 속에 '내 임기 내'라는 단어를 포함시킴으로서 이것을 감출 수 있을 것이라 생각했다. 그러나 나는 이것에 대해 피노키오 3개를 부여했다. 그러자 오바마는 더 이상 그것에 대해 말하는 것을 그만뒀다.

시간이 흘러 갈수록 독자들이나 시청자들은 정부 정책의 세부 사항에 대해서도 좀 더 많이 배우게 될 것이다.

가장 의심스러운 사실관계는 종종 정부 재정과 같은 복잡한 주제와 관련 있다. 이 때문에 많은 정치인들이 (복잡한 수치를 통해) 국민을 속이거나 호도하려는 유혹에 쉽게 빠지기도 한다. 한 가지 팁을 주자면 만약 정부정책이 너무 좋게만 들린다면 그것은 아마 사실이 아닐 수도 있다고 생각하면 된다.

팩트가 맞는지 틀리는지를 설명하는 것은 저널리즘의 영역이다. 모든 저널리스트들과 마찬가지로 팩트체커가 직면하는 중요한 도전은 엄격한 중립을 지키는 것이다. 어느 한 측면만을 취해서는 안 된다. 단지 사실이 무엇인지 조사하고 진실을 보여주면 된다.

누구나 그렇듯이 나도 시사 문제에 대해 개인적 견해가 있다. 거기에 정치적으로 중요한 질문이 있다. 지금 현재 미국은 민주당과 공화당으로 나쁘게 양분돼 있다는 것이다.

그러나 나는 보증한다. 매일매일 이뤄지는 나의 팩트체킹을 읽은 그 누구도 내가 민주당이든 공화당이든 정치적 동정심이나 동조로 거짓말을 하고 있다고 생각하는 사람은 아무도 없을 것이라는 점이다. 나는 팩트체킹을 할 때 발언하는 사람의 정치성향에 주의를 기울이지 않는다.

미국에서 최악의 주장들은 상당수가 TV 광고에 있는데 이 광고는 종종 숨겨진 의제를 지닌 어둠의 그룹이나 비밀스러운 기부자들의 후원을 받기도 한다. 순식간에 스쳐 지나가는 TV광고는 보는 사람들이 좀처럼 정보에 접근할 수 없도록 한다. 팩트체킹으로 말미암아 지금은 미국에서 많은 정치 광고들이 정보에 대한 정확성을 보여주는 한 방법으로 그들의 원소스에 대해 리스트를 공개하기도 한다. 그러나 그것은 자주 있지 않고, 특히 부정적 광고일 때는 더욱 그렇다. 그런 광고들이 말 그대로 합리적인 담론의 가능성을 가로막고 있다. 미국에서 이런 그룹들은 진짜 문제와 씨름하는 어떤 사람들에 대해 악랄하다는 암시를 함으로써 민주주의에도 위해를 가하고 있다.

그러나 나는 팩트체킹 뒤에 감춰진 목표들(정치인들이 그들의 발언에 책임지도록 잡아두고, 시민들이 시사 문제에 대해 보다 많은 정보를 얻도록 하는)이 민주주의를 번영하게 하는 필수 요소라는 것을 강하게 확신한다. 팩트체킹은 정치인들이 더 이상 그들이 지킬 수 없는 약속을 하지 못하도록 하는 것이거나 혹은 그들의 주장이 사실이 아니라는 것을 알도록 하는 것이다. 그리고 유권자들 역시 그것에 대해 알게 될 것이다.

6

—

글로벌 팩트체킹
서밋

세계 언론계나 언론학계 등에서는 최근 몇 년 동안 팩트체킹 저널리즘의 빠른 성장이 적잖은 화제가 됐다. 새로운 저널리즘의 한 축으로 완전히 자리 잡은 것은 물론이고, 그 주요 무대 역시 전 세계로 넓어졌기 때문이다. 미국에서 시작된 팩트체킹은 불과 몇 년 사이 유럽과 아프리카, 중남미, 중동, 그리고 최근에는 아시아까지 아우르는, 글자 그대로 '글로벌화' 되었다.

2014년 영국 런던에서 열린 '제1회 글로벌 팩트체킹 서밋'에서 첫 만남을 가진 전 세계 팩트체커들은 이듬해 런던에서 '제2회 글로벌 팩트체킹 서밋'을 그리고 2016년 아르헨티나 부에노스아이레스에서 '제3회 글로벌 팩트체킹 서밋' 행사를 열었다.

첫 해 행사 때 국내 유일한 참석자였던 나는 제2회 행사가 열린 런던에서 한국언론재단 관계자와 JTBC에서 '팩트체크' 코너를 진행하던 김필규 기자를 만날 수 있었다. 팩트체킹에 대한 관심이 확산되고 있는 듯해서 무척 반가웠다. 또 〈워싱턴포스트〉에서 글렌 케슬러와 함께 팩트체커로 활동하는 한국계 언론인 미셸 예희 리도 참석해 미국의 팩트체킹 현실에 대한 의견을 나누기도 했다. 2박 3일의 행사 일정 도중에 가끔씩 같이 모여 얘기도 나누면서 국내에도 팩트체킹이 본격적으로 뿌리내일 가능성을 보는 듯해서 무척 기쁘고 든든했다.

그러나 지난해 7월 아르헨티나에서 열린 3회 서밋에는 다시 유일한 한국인 참석자가 돼 무척 아쉽고 안타까웠다. 워낙 먼 거리이긴 했지만 그래도 한두 명의 동지가 더 있을 것으로 기대했는데 또 다시 유일한 한국인 참석자가 됐기 때문이다. 나중에 알게 된 내용이지만 JTBC 김필규 기자 역시 참석하려고 했지만 주최 측과 소통이 원활치 않았던 모양이다.

아무튼 국내에서 유일하게 글로벌 팩트체킹 서밋에 3년 연속 참석하게 된 것은 개인적으로 큰 행운이었고, 저널리즘에 대해 많은 영감을 받을 수 있었던 시간이었다. 3년의 기록을 찬찬히 살펴보면 팩트체킹이 얼마나 빠르게 성장하고 확산되고 있는지 한눈에 알 수 있다. 국내에도 팩트체킹이 조만간 꽃을 피울 것이라 확신하는 이유가 여기에 있다. 뿐만 아니라 학계에서도 다양한 연구가 이뤄질 것으로 보인다. 세 번가운데 두 번을 국내에서 혼자 참석하게 돼 조금은 외로운 감이 없진 않았다. 그래도 의미 있는 기록이라 생각한다. 일부 중복되는 내용이 있긴 하지만 그래도 해마다 달라지는 분위기와 추세를 확인할 수 있다.

1) 세월호 아픔이 투영된 '제1회 글로벌 팩트체킹 서밋'

글로벌 팩트체킹 서밋 첫 번째 행사는 2014년 영국 런던에서 2박 3일 일정으로 열렸다. 당시 나는 미국에 머물고 있었지만 국내에서는 세월호 이후 언론에 대한 불신이 극에 달했던 것으로 기억된다. 기자 사회와 기자들을 향해 '기레기'라고 모욕해도 누구 하나 반박하거나 대꾸하기조차 힘들 정도였다. 그런 탓인지 전 세계 팩트체커들이 모인 첫 번째 국제 행사에 참석했던 나는 행사 기간 내내 국내 상황과 세계적 흐름을 비교할 수밖에 없었다. 세월호 아픔이 투영된 당시 상황이 팩트체킹에 대한 나의 관심과 열정을 더욱 자극했던 것 같다. 제1회 행사에 참석한 뒤 출고했던 기사는 "팩트체킹이 '기레기' 오명 씻는다"는 제목이었다.

세월호 참사 보도 과정에서 대한민국 언론은 근원적인 위기에 봉착했다. 위기의 실체는 '신뢰'다. 정치적 성향이나 이념적 경향성을 놓고 논쟁하는 것과 차원이 다른 문제다. 독자와 시청자들은 언론매체의 보도 내용에 대해 강하게 의심하고, 사실관계 자체를 믿지 않는 일마저 비일비재하게 발생했다. 정치권력과 자본에 맥없이 휘둘린 탓이라는 평가다. 도를 넘은 속보 경쟁과 선정적인 제목 뽑기 등도 이를 부추겼고 기자들 이마에 '기레기'라는 오명이 주홍글씨처럼 새겨졌다.

　이 과정에 새삼 강조되고 있는 것이 팩트체킹이다. 팩트가 무너지면 언론의 모든 것도 무너진다. 이런 탓에 우리보다 긴 언론 역사를 가진 미국이나 유럽 등 세계 여러 나라에서는 팩트체킹을 전문으로 하는 기구들이 설립돼 있고, 많은 사실검증 전문가(팩트체커)들이 활동 중이다. 6월 9~10일 영국 런던에서는 각국에서 활동 중인 팩트체커들이 함께 모이는 국제 컨퍼런스가 사상 처음으로 열렸다. 세월호와 함께 동반침몰하고 있는 국내 언론에 던지는 시사점도 남달랐다.

팩트체킹, 진실을 여는 문

입에 담기 부끄러운 '기레기' 반성문?

—

입에 담기 부끄럽고 경멸스러운 용어인 '기레기'라는 단어가 세월호 참사보도 과정에서 크게 부각됐다. 그 이전에도 인터넷 사용자들 사이에서 일부 수준 이하 기자들의 그릇된 행태와 처신을 비하하는 의미로 '기레기'라는 용어를 사용해 왔다. 그러나 세월호 보도 과정을 거치면서 거의 모든 언론과 기자들은 '기레기'라는 비난으로부터 자유롭지 못했다.

경쟁적인 보도 관행 속에서 피해자들과 유가족의 인권은 뒷전이 됐고, 정부 발표 자료의 사실관계를 제대로 확인하지 못해 대형 오보를 내는 일도 벌어졌다.

정치권력의 눈치를 보면서 팩트를 교묘하게 왜곡해 보도하는 일도 연일 비난의 대상이 됐다. 오죽하면 기자들 스스로도 "취재 현장에서 우리는 '기레기'였다"고 공개 반성하기에 이르렀다. KBS 입사 4년 차 미만의 기자 40여 명이 사내 게시판에 올린 글이 대표적이다.

하지만 이를 KBS 기자들만의 문제로 보는 이는 아무도 없다. 그만큼 세월호 보도과정에서 대한민국 언론의 신뢰도는 추락했고, 현장을 뛰는 기자들의 자존심은 짓뭉개졌다.

한국기자협회에서 4월 20일 발표한 '세월호 참사 보도 가

이드라인'에도 이 같은 내용이 고스란히 담겨 있다. 기자협회는 "세월호 참사와 관련한 일련의 취재 보도 과정에서 희생자 가족과 국민을 혼란에 빠트리며 신뢰를 잃는 오욕의 민낯을 드러냈다"면서 "세월호 참사 보도는 신속함에 앞서 무엇보다 정확해야 한다"고 주장했다. 10개 항 가이드라인 가운데 '정확성'을 가장 먼저 꼽은 것도 같은 맥락이다.

'팩트'는 언론의 존재 의미

—

2014년 4월 24일 박종률 당시 기자협회장은 〈평화방송〉 인터뷰에서 "언론의 본령은 역시 정확성"이라며 "사실이 아닌 내용을 보도하는 것은 명백한 잘못"이라고 강조했다.

그는 세월호 보도 과정에서 우리 언론이 "신속함만을 쫓다 보니까 정확성을 놓치는 우를 범했다는 비판을 받게 됐다"고 평가했다.

미국에서 만난 언론계 출신 한 고위관료도 "세월호 보도 과정에서 신문과 방송 할 것 없이 대한민국 언론의 신뢰도가 밑바닥까지 떨어지는 모습을 보면서 참담한 심경이었다. 언론이 어느 정도 정파성을 갖는 것은 논란이 될 수는 있어도 용납이 되는 측면도 있다. 그러나 문제는 팩트(사실관계)가 틀리면 언론은 존재 의미를 잃게 된다"고 말했다.

신뢰의 위기는 비단 우리나라 언론만의 문제는 아니다. 특히 정치인들이나 고위 관료들의 말과 주장, 그리고 정부 기관이 발표하는 자료에 대한 제대로 된 검증 필요성은 거의 모든 세계 언론이 공감하는 대목이다.

오랜 전통과 명성을 자랑하는 언론이 즐비한 미국에서 팩트체킹이 태동한 것도 같은 이유에서다. 미국에서는 1992년 대선을 기점으로 첫 선을 보인 뒤 지난 2007년을 전후로 3대 팩트체커(Factcheck.org, Politifact.com, The Fact Checker)가 각기 다른 영역에서 왕성하게 활동 중이다.

유럽도 마찬가지다. 지난 5월 실시된 유럽의회 선거를 앞두고 유럽의 비정부기구NGO에서는 공동으로 '팩트체크EU'(factcheckeu.org) 사이트를 개설해 정치인들의 발언에 대한 검증 작업을 펼쳤다. 물론 유럽의 주요 나라에서는 이와는 별개로 자국의 주요 정치인이나 고위 관료의 발언 등을 검증하는 팩트체커들이 왕성하게 활동 중이다.

그 중 일부는 재정적인 어려움 등으로 활동을 중단했지만 세계적으로는 늘어나고 있는 추세이다. 이들이 사상 처음으로 런던에서 한 자리에 모여 팩트체킹의 현황과 과제를 놓고 이틀간 컨퍼런스를 진행했다.

8일 저녁 열린 리셉션에서 듀크대학교 빌 어데어 교수는 세계 각국에서 온 팩트체커들을 소개하면서 "세계적으로 팩트체킹은 하나의 새로운 흐름으로 자리 잡고 있다"고 평가했다. 이에 반해 국내 움직임은 여전히 미약하다.

국내에서는 2013년 한국언론진흥재단에서 펴낸 《저널리즘 공공성 실현을 위한 한국형 팩트체킹 모델 연구》(책임연구 마동훈 고려대학교 미디어학부 교수)에서 국내 언론계의 팩트체킹 시도를 소개한 바 있다. 2012년 대선을 전후해 활동했지만 대부분 선거가 끝나면서 지속성을 잃거나 활동이 지지부진한 상태다. 연구진은 미국의 사례와 국내 언론의 팩트체킹 시도를 비교해 소개하면서 한국 실정에 맞는 팩트체킹 도입의 필요성을 강조했다.

보고서에서 연구진은 "방송 뉴스는 많은 수용자를 가지고 있지만 깊이 있는 정보 전달이 어렵고, 신문은 독자를 점차적으로 잃어가고 있으며, SNS는 누구보다 빨리 메시지를 전하지만 내부적인 검증 장치가 없다"면서 "사람과 조직이 하는 사실검증이 처음부터 완벽할 수는 없지만 노력의 시작은 빠를수록 좋다"고 충고했다.

"팩트체킹은 정치인들의 파워를 시민에게 되돌려주는 작업"

—

2014년 6월 9일(현지시간) 오전 8시 30분. 영국 런던의 도심에 자리 잡은 런던정치경제대학London School of Economics and Political Science의 낡은 강의실로 사람들이 하나둘씩 모습을 드러냈다. 그리 넓지 않은 강의실에 60여 명의 사람들이 모이면서 조금씩 열기를 띠기 시작했다. 글로벌 팩트체킹 서밋Global Fact Checking Summit에 참석하기 위해 세계 각지에서 모여든 팩트체커들과 언론학자, 언론인들이다.

미국의 3대 팩트체킹 조직을 대표하는 인물들이 다 모였고, 영국의 풀팩트, 남아프리카공화국의 아프리카체크, 아르헨티나의 체쿠웨도, 체코의 데마고그 등 그야말로 다양한 대륙, 국적의 팩트체커들이 한 자리에 모였다.

독립적인 기구가 아닌 미국 〈워싱턴포스트〉 팩트체킹 칼럼니스트와 호주 ABC 방송국, 영국 〈가디언〉 등 언론사에 소속된 팩트체커들도 자리를 함께했다.

오전 9시에 시작된 컨퍼런스는 강의실에서 도시락을 먹으면서 열띤 토론과 함께 늦은 오후까지 진행됐고 그 열기는 저녁 만찬까지 그대로 이어졌다. 60여 명의 참석자들은 다양한 사례발표를 통해 팩트체킹의 과거와 현재를 진단하고, 미래

1회 글로벌 팩트체킹 서밋에 참석한 팩트체커들과 언론인들.

를 그려봤다.

국내에는 많이 알려져 있지 않지만 이처럼 팩트체킹은 이미 미국과 유럽 그리고 남미 등에서 저널리즘의 중요한 한 축을 형성하고 있었다.

행사를 주관한 빌 어데어 듀크대학교 교수는 인사말에서 "팩트체킹은 중요한 저널리즘의 하나로 자리 잡았고, 우리는 팩트체킹을 위한 식지 않는 열정을 갖고 있다"고 말했다.

그는 일부 나라에서 선거 때 팩트체킹을 도입했다가 선거가 끝나면 활동을 그만두는 것을 지적하면서 "정치인들의 거짓말은 계속되고, 선거 역시 반복되는데 팩트체킹을 멈추는 것은 말이 안 된다"고 평가했다.

컨퍼런스의 중요한 후원자이자 언론인 재교육 등으로 유명한 포인터Poynter 재단의 팀 프랭클린 대표는 "세계 뉴스는 (지금보다) 좀 더 명확해져야 하고, 좀 더 깊이 있는 취재가 필요하다"면서 "팩트체커들의 열정적 활동이 언론(인)에도 영감을 줄 것"이라고 말했다.

그는 또 "인터넷 파워가 커질수록 팩트체킹의 중요성은 더욱 커지고 있다"면서 "달라지고 있는 민주주의 사회에서 팩트체커들은 좀 더 투명하고 분명한 사회를 만드는 데 기여하고 있다"고 평가했다.

첫 번째 발제자로 나선 미국 위스콘신대학교 루카스 그레이브스Lucas Graves 교수는 "미국의 대선 과정에서 탄생한 팩트체킹 흐름과 다양한 형태의 조직이 세계 각지에서 성장하고 있다"고 설명했다. 그는 '독자를 옹호하고 미국 정치의 혼선과 기만을 줄이기 위해'라는 미국의 '팩트체킹 오알지'의 임무와 "팩트체킹 자체만으로는 부정확한 정보로 인한 피해를 막기에 충분하지 않다. 따라서 우리는 정부 관계자와 저널리스트, 에디터 등이 함께 일해야 잘못을 바로잡을 수 있다"고 적시한 영국 풀 팩트의 사례를 비중 있게 소개했다.

두 번째 발제는 당시 세계적인 관심 지역이었던 우크라이나에서 활동 중인 팩트체커들의 사례였다. 이들은 러시아와 우크라이나 정부의 영향력 속에서 사실이 아닌 거짓 정보와 기사가 넘쳐나고 있다면서 다양한 사례를 소개했다. 특히 거짓이미지와 관련된 내용이 참석자들의 흥미를 끌었다. 가령 폭격으로 불타는 우크라이나 도심 사진이 알고 보니 합성된 거짓이었고, 러시아 군을 향해 총을 겨누고 있는 우크라이나 군인 사진은 영화의 한 장면을 캡처한 것으로 밝혀지는 등 어처구니없는 거짓 정보와 허위 기사들을 소개했다.

오후에는 닐 브라운 템파베이 타임즈 편집장의 기조연설로 컨퍼런스가 재개됐다.

브라운 편집장은 "팩트체킹은 파워에 관한 것이고, 정치인들에게 있는 파워를 시민들에게 되돌려 주는 작업"이라고 격려했다. 또 "온라인 정보의 홍수 속에서 많은 사람들은 카오스 상태에 빠져 있다"면서 "당신들(팩트체커)의 활동은 독자들과 인류를 위한 것"이라고 강조했다.

가장 좋은 팩트체킹 방법에 대한 실전 교육도 이어졌다. 엔지 홀란 폴리티팩트 편집장은 "팩트체킹 작업은 까다로운 작업"이라면서 "시간과 소스가 제한적이기 때문에 자칫하면 시간만 낭비하고 아무런 소득이 없을 수 있다"고 충고했다.

그는 "고기가 있을 법한 곳에 넓고 정확하게 투망을 던지는 어부와 같은 자세가 필요하다"면서 이를 위해 다양한 체크리스트를 활용할 것을 제안했다.

컨퍼런스는 기조연설 외에도 각자 영역에서 다양한 경험담과 사례들을 소개하면서 활기를 더했다. 이들의 경험담 속에는 재정적인 어려움이나 외부의 간섭과 압력 등 어려움도 적지 않았다. 하지만 진실을 알고 싶어 하는 대중의 열망에 부응하는 의미 있는 작업이라는 자부심은 한결 같았다.

이탈리아에서 활동 중인 한 팩트체커는 "간혹 스폰서가 돼주겠다고 제안하는 기업이 있는데 알고 보면 특정 정치인에 대해서는 검증하지 말아달라는 단서가 있는 경우들이 대부분이다"면서 "그런 돈을 거부한 대가로 '투잡'을 뛰어야 하는 등 재정적인 어려움이 있지만 의미는 남다르다"고 말했다. 안타깝게도 이 친구는 결국 재정적 부담을 견디지 못했는지 그 이듬해 팩트체커의 길을 접었다. 활동하던 사이트 역시 문을 닫은 것으로 알려졌다.

2) 한국 동료들과 함께했던 '제2회 글로벌 팩트체킹 서밋'

제2회 글로벌 팩트체킹 서밋 역시 영국 런던에서 열렸다. 비록 개최 장소는 바뀌었지만 분위기는 첫 해와 비슷했고 열기는 더 뜨거웠던 것으로 기억된다. 당시 나는 연수를 마치고 현업에 복귀했던 탓에 한국에서 다시 런던 행 비행기에 몸을 실었다. 특히 두 번째 대회에는 국내에서 언론재단관계자와 JTBC 기자까지 참석하면서 무려(?) 3명의 한국인이 참석했다. 한국계 미국인인 미셀 예희 리까지 포함하면 4명이 한국어로 대화할 수 있는 시간이었다. 내심 뿌듯했다. 제2회 팩트체킹 서밋 참가기를 다룬 기사의 주제는 '정치인의 거짓말 멈추지 않는 한 팩트체킹 계속된다'였다.

정치인의 거짓말과 언론의 사실검증

—

세상에서 가장 믿을 수 없는 것이 일기예보와 통계, 여자의 마음이라는 우스갯소리가 있다. 그러나 이런 농담마저 무색하게 만드는 사람들이 있다. 바로 정치인들이다. 2015년 3월 당시 정국은 '성완종 리스트'로 들끓었다. 자연스럽게 이완구 전 총리가 보여준 모습이 오버랩 됐다. 이 전 총리는 성완종 전 회장과의 관계에 대해 "개인적으로 친밀한 관계가 아니다"라고 답했다.

사석이 아니다. 국회에서 이뤄진 공식 답변이었다. 또 "도와

2회 글로벌 팩트체킹 서밋에 참석한 팩트체커들과 언론인들.

달라고 받은 전화가 처음이자 마지막"이라고 말했다. 하지만 머지않아 전부 거짓으로 판명 났다. 지난 2013년부터 20개월 간 23차례 만났고, 217차례나 전화 통화한 것으로 나타났다.

이것만이 아니다. 그는 "성 전 회장과 독대하지 않았다"고 주장하다가 "기억이 잘 안 난다"고 말을 바꾸고, "돈을 받은 증거가 나오면 목숨을 내놓겠다"는 등 납득하기 힘든 언행을 보였다. 결국 악화된 여론에 밀려 사임하면서 최단명 총리라는 오명까지 쓰게 됐다.

비단 우리나라만 그런 것은 아니다. 미국에서 클린턴 전 대통령이 르윈스키와 스캔들이 났을 때 강하게 부인했던 것이나, 닉슨이 도청 사실에 대해 거듭 부인하다가 대통령직까지 내놓아야 했던 워터게이트 사건은 더 이상 설명이 필요 없을 정도다.

이처럼 반복되는 정치인들의 거짓말을 감시하고 알려야 하는 역할이 바로 언론의 몫이다. 하지만 언론 역시 좋은 평을 받지 못한다. 때론 권력과 유착하거나 때론 진실을 외면하는 모습까지 보였다. 특히 국내에서는 2014년 세월호 참사 과정에서 확인되지 않은 사실을 경쟁적으로 보도하거나 선정적인 보도 태도로 인해 얻게 된 '기레기'라는 오명이 지금까지도 이어지고 있다.

그렇다고 절망만 할 일은 아니다. 이런 환경에 과감하게 반기를 든 사람들이 있다. 최근 수년 사이에 빠르게 확산되고 있는 '팩트체커'들이다. 세계적 권위를 지닌 언론사에 소속된 사람도 있고, NGO처럼 독립적인 기구에서 활동하는 사람도 있다. 권위주의 국가나 독재국가의 경우 정부 탄압을 피해가며 어렵게 활동하기도 한다.

나라마다 상황도 활동방식도 다르다. 검증절차와 공개하는 방식 역시 차이가 있다. 그런데도 한 가지 공통점이 있다. 진실을 추구하고 거짓과 맞서 싸우고 있다는 점이다.

새로운 저널리즘의 한 축으로 자리 잡고 있는 '팩트체킹'의 현재와 미래를 한 눈에 조망해 볼 수 있는 '제2회 글로벌 팩트체킹 서밋'은 7월 23일과 24일 이틀 동안 런던시티대학에서 개최됐다.

팩트체킹, 1년 만에 엄청난 성장 돋보여
—

간단한 수치만 봐도 1년의 변화를 실감할 수 있다. 2014년에는 20여 개 국가에서 40~50여 명이 참석했던 것에 비해 2015년에는 31개국에서 70명이 넘게 참석했다. 또 누적집계(활동 중단 한 단체 등을 포함한)를 봐도 2014년 59개 사이트가 전부였지만 2015년에는 102개의 사이트가 확인됐다. 또 현재 활동 중인 사이트 가운데 63%는 언론매체와 제휴를 맺고 있었고, 21개 사이트는 선거 당시 정치인이 내세웠던 공약에 대해 지속적인 추적과 검증 작업을 하고 있는 것으로 집계됐다. 선거 때만 반짝하다가 그만두는 것이 아니라 일상적이고 지속적인 활동이 이뤄지고 있다는 의미다.

외형만이 아니다. 세계 각지에서 벌어지고 있는 팩트체킹은 구체적인 변화를 일궈내고 있다. 일례로 남아프리카 공화국에서는 주요 야당에서 연설할 때 연설 내용을 뒷받침하는 소스 리스트도 함께 제공하는데 이를 흔히 '아프리카체크 답변양식'이라 부른다. 남아공 팩트체킹 조직인 '아프리카체크' 가 얼마나 열심히 활동했는지 보여주는 대목이다.

또 이탈리아에서는 한 정치인이 자신의 페이스북에 "지중 해를 넘어온 불법 이민자들 때문에 수천 명의 경찰이 결핵양 성 반응이 나왔다"는 글을 올렸다.

하지만 이탈리아 팩트체킹 조직인 '파젤라 폴리티카'에서 즉각 검증 작업을 한 결과 전혀 사실무근임을 밝혀냈다. 결국 이 정치인은 라디오 방송에서 잘못된 루머를 퍼뜨린 데 대해 사과하는 발언을 했다.

팩트체킹 조직의 본산이라 할 수 있는 미국에서도 2016년 대선을 앞두고 이미 수많은 팩트체커들이 왕성한 활동을 하 고 있다. 특히 백악관에는 팩트체커들만 전담하는 직원이 두 명이나 있고, 각 대선 후보 캠프에서도 팩트체커 전담 인력을 두고 있는 추세다. 이제 정치인들과 팩트체킹은 뗄 수 없는 관계가 되고 있는 것이다.

미국 3대 팩트체커 가운데 하나인 '폴리티팩트' 설립자이 자 팩트체킹 운동을 주도하고 있는 빌 어데어 교수는 컨퍼런 스 개회사를 통해 "팩트체킹은 세계 각지에서 '책임 저널리즘' 의 강력하고 중요한 새로운 형태로 자리 잡았다"며 "우리의 업적에 대해 자랑스러워해야 한다"고 말했다. 하지만 그는

"우리는 자기만족적으로 현실에 안주하거나 사람들이 우리들의 사이트를 찾아오기만 기다려서는 안 된다"면서 "다양하고 창의적인 마케팅 등으로 (팩트체킹) 수용자를 확대해 나가야 한다"고 강조했다.

빌 어데어 교수는 일부 나라에서 선거가 끝나면 팩트체킹 활동을 중단하는 모습을 지적하면서 "선거가 끝났다고 정치인의 거짓말이 끝나는 것은 아니다"면서 "힘 있는 사람들이 그들의 말에 책임지도록 만들고자 하는 우리의 목표는 지금도 변함이 없다"고 주장했다.

미국 언론의 팩트체킹 언급 사례 300% 급증

—

2015년 7월 23, 24일 영국 런던시티대학에서 열린 '제2회 글로벌 팩트체킹 서밋'은 전 세계 팩트체커들에게 깊은 인상을 심어줬다. 어려운 조건이지만 빠르게 성장하고 있다는 점에 대해 모두가 공감했다. 최근 한 연구조사에 따르면 2008년부터 2012년까지 미국 언론에서 팩트체킹을 언급하거나 다루는 비중이 300% 이상 급증한 것으로 나타났다. 뿐만 아니라 팩트체커의 활동으로 숨겨졌던 진실이 드러난 사례 역시 다양하게 소개됐다. 팩트체킹의 영향력이 그만큼 커지고 있는 것은 부인할 수 없는 사실이다.

일례로 2015년 4월 남아프리카공화국이 외국인혐오증에 따른 폭력으로 몸살을 앓고 있을 때 〈뉴욕타임스〉는 "남아공이 인구의 10%에 가까운 500만 이민자들의 근거지가 되고 있다"고 보도했다. 하지만 남아공 팩트체킹 조직인 '아프리카체크'가 다양한 경로를 통해 확인한 결과 이민자는 220만 명 정도이며, 인구의 4%에 불과하다고 수정했다. 특히 〈뉴욕타임스〉가 통계의 출처로 삼은 것은 표절 시비로 인해 학술지 게재가 중단된 논문이라는 점을 밝히면서 팩트체킹의 중요성을 다시 한 번 일깨웠다.

컨퍼런스를 주관한 포인터재단The Poynter Institute의 앤드류 드롱은 "전 세계 팩트체커들이 이곳 런던시티대학에 모인 것은 정말 굉장했다"면서 "불과 몇 년 전만 해도 정치 후보자나 정부 관계자들 발언의 진위에 초점을 맞추고 다루는 언론은 많지 않았는데 지금은 강의실을 가득 메웠다"고 말했다. 그는 또 "이틀 동안의 컨퍼런스에서 다양한 목소리와 관점을 볼 수 있었고, 많은 사람들의 발언 속에서 깊은 열정을 확인할 수 있었다"고 평가했다.

내 묘비명에 새겨질 문구, "신뢰가 없으면 조크도 무의미"

—

컨퍼런스는 이틀 동안 오전 9시부터 시작해 저녁때까지 쉬지 않고 진행됐다. 일정 속에서 참석자들은 수많은 주제와 관심사를 놓고 토론을 거듭했다. 워낙 빠듯한 일정 탓에 샌드위치와 커피로 대신한 점심식사 시간도 당초 1시간이었던 것을 30분으로 줄여가면서 토론했지만 불만을 제기한 사람은 단한 사람도 없었다.

다양한 주제 발표는 물론이고, 누구나 참여할 수 있게 열어 둔 자유발표에서도 흥미로운 내용이 적지 않았다. 컨퍼런스 첫째 날 기조연설자로 나선 아담 초디코프도 그 중 하나다.

그는 엄밀한 의미로 보면 팩트체커는 아니다. 코미디언 존 스튜어트가 진행하는 인기만점의 미국 정치풍자 프로그램 '더 데일리쇼 위드 존 스튜어트'THe Daily Show with Jon Stewart의 선임프로듀서다.

그는 기조연설에서 비록 코미디언이 진행하는 정치풍자 프로그램이지만 이를 뒷받침하기 위한 팩트체킹 작업은 웬만한 언론사나 팩트체커 못지않다고 말했다. 틈만 나면 사실확인을 위해 여기저기 전화를 걸고 각종 자료도 검색한다. 그는 정치풍자를 위한 '사실에 입각한 화력'factual firepower지원을 전담했다.

"'신뢰가 없으면 조크도 의미가 없다'는 문구가 내 묘비에 쓰이길 희망한다"는 게 초디코프의 바람이다.

기술진보에 기반을 둔 다국적 협업 '신선'

—

컨퍼런스에서는 기술의 발달에 따른 협업 모델도 눈길을 끌었다. 팩트체킹 작업이 한 나라 안에서만 머무는 것이 아니라 세계 각지에서 동시다발적으로 이뤄질 수 있다는 의미다.

단적인 예로 2014년 'G20 정상회의' 기간 동안 9개의 팩트체킹 조직이 협업을 통해 각 나라 대통령과 정상들의 발언을 실시간으로 검증하기도 했다. '팩트체커톤'FactCheckathon으로 명명한 당시 프로젝트를 주도한 이탈리아 팩트체커 알렉시오는 "우리가 우려했던 것은 G20 회의에 참석했던 정상들이 회의 기간 내내 교묘하게 팩트에 근거하지 않은 발언을 일삼지 않을까 하는 것이었다"고 설명했다.

또 다른 협업 모델도 있다. 2015년 케냐를 방문했던 이탈리아 수상이 정상회담 하는 사진이 케냐 언론 등을 통해 공개됐는데 이상한 것은 이탈리아 수상의 옷이 방탄조끼를 입은 듯한 모습이었다. 정상회담 장소에 방탄조끼를 착용하고 나타나는 경우는 극히 이례적이다.

이에 대해 이탈리아와 남아공 팩트체킹 팀이 공동작업과 각종 전문가들의 의견을 구한 결과 사진이 조작되지 않았다는 점을 밝혀냈다. 이탈리아 정부에서는 방탄조끼 착용에 대한 공개 답변을 하지 않았다. 어찌됐든 이제 팩트체킹 작업이 국가의 장벽마저 쉽게 허물고 있는 것이 분명해 보인다.

그러나 산이 높으면 골도 깊은 법이다. 팩트체킹에도 양지만 있는 것은 물론 아니다. 음지도 있다. 팩트체킹은 시간과 노력이 많이 들어가는 데 비해 수익 모델은 턱없이 부족한 것이 엄연한 현실이다. 제2회 컨퍼런스에서 가장 많은 비중을 두고 토론이 진행된 것이 수익 모델 발굴을 어떻게 할 것인지에 대한 각국의 사례 발표와 토론이었다는 점도 이런 현실을 반영한다. 그동안 주로 기관이나 단체의 후원을 받거나, 소액 다수의 후원자를 모집하고, 교육비를 받는 정도에 그쳤던 한계를 극복해야 한다는 데 참석자들의 공감대가 형성됐다.

특히 수익 모델 관련한 토론 진행을 맡았던 이탈리아 팩트체커 '파젤라 폴리티카' 설립자인 알렉시오 만젤리스는 향후 수익 모델의 대안으로 "질 높은 컨텐츠와 전문성을 통해 독자들이 기꺼이 비용을 지불할 수 있게 해야 한다"고 충고했다.

"팩트체킹은 항상 누군가를 화나게 하는 일"

—

미국 폴리티팩트의 편집자 앤지 홀란의 말이다.

정치인의 발언이 진실인지 아닌지를 검증하고, 대통령의 공약이 제대로 지켜지고 있는지 아닌지를 따지는 등 팩트체킹은 태생적으로 누군가로부터 반감을 사는 일이 잦을 수밖에 없다. 특히 정치권의 경우 자신들에게 불리한 내용을 확인할 경우 노골적인 불쾌감을 드러내기 일쑤다.

일례로 남아공 팩트체커인 '아프리카 체크'에는 여성 연구원들이 상당수 있는데 심한 독설을 듣는 경우는 물론이고, 흔하지 않는 공격을 당하기도 한다. 또 다른 팩트체커 가운데는 '없애버리겠다'는 위협을 받기도 하고, 드러나지 않은 비밀 당원으로부터 고소를 당하기도 한다.

대통령의 선거 공약을 점검하는 작업도 마찬가지다.

현재 전 세계 64개 팩트체커 조직 가운데 21개가 정치인들의 선거 공약을 추적하는 활동을 진행 중이다. 이런 작업 역시 일부 국가에서는 상당히 위험을 감수해야 하는 일임에

이란의 팩트체킹 사이트 루하니 미터

틀림없다.

'제2회 글로벌 팩트체킹 서밋'에서 사례 발표를 한 이란의 '루하니 미터'가 대표적인 경우다. 당시 사례 발표자는 참석자들에게 자신의 이름이나 사진을 공개하지 말아줄 것을 부탁하기도 했다. 국내로 돌아갔을 경우에 당할 수 있는 여러 가지 어려움에 대한 우려 때문이었다. 그럼에도 불구하고 팩트체킹을 향한 열정은 갈수록 더 확산되고 있다.

팩트는 누군가(정치인)에게는 '숨기고 싶은 사실'이지만 다른 누군가(국민들)에게는 반드시 '알려야 하는 진실'이다. 숨기고 싶어 하는 것이 많다는 것은 알려야 할 진실이 많다는 것의 방증이다. 각종 연구 보고서 역시 이런 분위기를 강하게 입증하고 있다.

'새로운 미국 재단'New America Foundation 보고서에 따르면 2001년부터 2012년까지 미국 신문에서 팩트체킹을 언급하는 사례가 900% 이상 증가했고, 방송에서는 2000% 이상 급증한 것으로 조사됐다. 또 최근 '미국신문협회'American Press Institute 조사에서도 2004년부터 2008년까지 신문에서 팩트체킹을 언급 횟수가 50% 이상 증가했고, 2008년부터 2012년까지는 300% 이상 급증한 것으로 나타났다.

이런 분위기를 반영한 듯 컨퍼런스가 끝나는 시점에서 포인터재단은 22만 5,000달러의 재원을 확보해 국제적인 팩트체킹 기구를 설립키로 결정했다. 이를 통해 온라인으로 팩트체킹을 배울 수 있는 강좌e-learning packages를 개설하고, 팩트체킹 컨퍼런스도 매년 개최키로 결정하는 등 포인터재단이 팩트체킹의 전진 기지역할을 맡기로 결정했다.

그러나 시선을 국내로 돌려보면 아직 갈 길이 멀어 보인다. 국내에서 미국의 3대 팩트체커나 유럽, 아프리카의 팩트체커와 같이 일상적이고 지속적으로 정치인 발언과 선거 공약 등을 검증하고 공개하는 경우는 극히 드물다. 다만 최근 일부 언론사를 중심으로 팩트체킹 코너를 신설해 다양한 시도를 하고 있는 점은 고무적이다. JTBC의 '팩트체크', 〈일요신문〉의 온라인 투표코너인 '진실 혹은 거짓', 〈뉴스타파〉의

JTBC '팩트체크' 코너의 한 장면

'正말?', 〈레이더P〉의 '팩트체커', 〈오마이뉴스〉의 '오마이팩트' 등이 한국형 팩트체킹 모델을 지향하고 있다.

특히 이 가운데 가장 왕성한 활동을 하는 것으로 평가받고 있는 JTBC의 '팩트체크' 코너는 이번 런던 컨퍼런스에서도 소개돼 다른 여러 나라 팩트체커들의 관심을 받기도 했다.

다만 지난 대선에서도 일부 언론사를 중심으로 팩트체킹이 부분적으로 진행됐지만 대선이 지난 뒤에는 흐지부지돼 아쉬움을 남긴 바 있어 얼마나 지속적이고 집요하게 검증해 나갈지가 한국형 모델의 성패를 가를 것으로 평가된다.

온라인 거짓 이미지에 속지 않는 유용한 팁

—

"살인과 강간이 넘쳐나는 나이지리아 보코하람Boko Haram(이슬람 극단주의 무장단체)에 맞서 싸우는 담대한 용기"

2015년 초 온라인에 한 장의 사진이 등장했다. 보코하람에 맞서는 담대한 용기라는 사진 캡션이 붙은 이미지는 온라인 소셜미디어를 타고 여기저기 떠돌아다녔다. 마치 완벽한 사실인 듯 했다. 하지만 팩트체커들이 확인한 결과 이 사진은 지난 2012년 말리에서 찍은 사진을 교묘하게 합성한 것으로 판명 났다.

이것만이 아니다. 우크라이나와 관련된 내용 중에는 왜곡된 이미지가 비일비재하다. 일례로 우크라이나 인근의 미군 탱크 이미지로 알려진 사진은 수년 전 텍사스에서 촬영된 사진을 교묘하게 위조한 것이었다.

이처럼 제2회 '글로벌 팩트체킹 서밋'에서는 온라인에서 판치는 거짓 이미지로부터 어떻게 진실을 가려낼지에 대한 토론도 참석자들의 많은 관심을 끌었다.

아프리카체크의 편집자인 줄리안 래드미어와 우크라이나 팩트체킹 사이트 공동설립자인 테시아나 매티샥이 공동 발표했다. 이들은 "광범위하게 번지고 있는 왜곡된 이미지가 많은 문제를 일으키고 있다"면서 "이런 허구로부터 어떻게 진실을 말할 수 있을까"라는 질문으로 발표를 시작했다. 가짜 이미지를 구분하는 구체적인 팁도 소개했다.

이들이 제안한 방식을 보면 가장 먼저 구글 이미지 서치 Google Image Search나 TinEye 같은 도구를 통해 사진(이미지)을 반전시켜보는 것이 첫 번째 과제다. 이렇게 될 경우 원본과 다른 왜곡된 이미지가 1차적으로 걸러지는 경우가 종종 있기 때문이다. 앞서 언급한 보코하람 사진이 왜곡됐다는 것을 파악한 것도 같은 방법이었다. 또한 이들은 Exif data처럼 사진을 찍은 기기와 위치 정보까지 제공하는 정보와 툴을 이용하는 것도 진짜와 가짜를 구분하는 좋은 방법이라고 소개했다. 이 밖에 가끔씩 이미지의 파일명을 확인하는 것도 좋은 방법이다. 사진을 왜곡하는 경우에도 원본 파일명을 바꾸지 않고 그냥 쓰다가 들통나는 경우가 적지 않기 때문이다.

3) 탱고의 열정과 함께한 '제3회 글로벌 팩트체킹 서밋'

제3회 글로벌 팩트체킹 서밋GlobalFact 3은 2016년 6월 9일, 10일 이틀간 아르헨티나 부에노스아이레스에서 열렸다. 아르헨티나 팩트체킹 팀이 강력하게 요청을 했고, 주관 단체인 포인터 재단이 이를 수용하면서 성사가 됐다. 중남미에서는 3회 서

3회 글로벌 팩트체킹 서밋에 참석한 팩트체커들과 언론인들.

밋을 치르기 전에 대륙 자체적인 팩트체킹 컨퍼런스를 열기도 했다. 미국이나 유럽만이 아니라 중남미에서도 팩트체킹이 빠르게 성장하고 있음을 보여주는 대목이다. 특히 3회 행사에는 아시아권에서도 다양한 나라들이 새롭게 참여했다. 우리나라를 비롯한 아시아권에서도 글로벌 팩트체킹 서밋을 개최할 날이 멀지 않을 것으로 기대한다.

제3회 서밋은 미국 대선이 한창 진행 중이던 때 개최되었는데, 특히 트럼프 후보의 각종 언행과 주장이 미국뿐 아니라전 세계적으로 화제가 될 때였다. 그래서인지 참석자들 사이에서 트럼프에 대한 얘기가 자연스럽게 오가기도 했다. 그래서 제3회 글로벌 팩트체킹 서밋에 대한 기사의 메인 타이틀은 "트럼프 같은 정치인이 팩트체커 존재 이유"였다.

정치인 등 사회적 영향력이 큰 주요 인사들 발언의 진위를 가려서 공개함으로써 유권자들의 올바른 선택을 돕는 팩트체킹은 미국에서 시작돼 최근 몇 년 사이 전 세계로 빠르게 확산되며 새로운 저널리즘의 한 축으로 확고하게 자리 잡았다. 2014년 런던에서 제1회 컨퍼런스를 개최한 이래 2회, 3회 컨퍼런스를 거치면서 팩트체킹은 외형은 물론이고, 내용적으로도 엄청난 변화와 성장세에 있음을 확인할 수 있었다. 허위와 거짓 주장이 판치는 환경 속에서도 진실을 추구하려는 팩트체커들의 사명감과 진실에 목마른 유권자들의 갈증이 결합된 결과이다.

팩트체킹, 더 이상 새롭지 않아?

—

미국 듀크대학교 연구소가 집계한 바에 따르면 컨퍼런스 첫해인 2014년 전 세계적으로 활동 중인 팩트체킹 사이트는 44개, 첫 회 컨퍼런스 참석자는 40~50명 정도였다. 1년 뒤인 2015년 2회 컨퍼런스는 64개 사이트가 활동 중인 것으로 확인됐고, 컨퍼런스 참석자도 31개국 70명으로 늘었다. 다시 3회 컨퍼런스에서는 41개국 105명이 참석했고, 활동 중인 사이트 역시 105개로 확인됐다.

단순 수치로만 봐도 매년 50~60% 이상 급성장 추세다.

지역별로 봐도 크게 다르지 않다. 그동안 열세였던 아프리카와 아시아권의 참여가 크게 늘어난 점이 눈에 띈다. 특히 아시아권은 필리핀, 미얀마, 네팔 등이 새롭게 조직을 정비하고 팩트체킹 대열에 합류했다. 기자출신에서 팩트체커로 변신한 네팔의 팩트체커 수짓 메이날리는 "기자생활을 하면서 매번 마감 시간에 쫓겨 정확한 사실관계를 확인하지 못하는 경우가 적지 않았다. 특히 1면의 경우 얼마나 많은 확인 작업을 거치는지 항상 회의적이었다"면서 팩트체커로 변신한 이유를 설명했다. 그는 2015년 네팔에서 '사우스아시아체크'라는 팩트체킹 사이트를 만들어 정치인 발언을 집중 검증하고 있다.

단지 외형만이 아니다. 팩트체킹이 활성화된 나라들에서 정치인들이 팩트체킹을 공개적으로 언급하거나 팩트체커들의 지적을 받아들여 발언을 정정하고 태도를 바꾸는 일도 전혀 낯설지 않다. 컨퍼런스에서는 다양한 사례들이 공유됐다.

일례로 아르헨티나 부통령 후보로 거론되는 가브리엘라 미체티는 아르헨티나 팩트체킹 조직인 체쿠에도Chequeado의 활동을 공개적으로 언급하며 "이것이 우리가 우리의 잘못을 바로잡으려 하는 이유이고, 잘못을 반복하지 않으려 하는 이유"라고 말했다.

또 미국에서는 대선의 영향으로 팩트체킹 '빅3'로 불리는 조직의 각종 기록들이 모두 새롭게 바뀌고 있는 상황이다. 가령 '팩트체크 오알지'의 한 대선 토론 관련 내용은 180만 페이지뷰를 기록하기도 했다.

팩트체커들 간 협업도 활성화되고 있다. G20이나 파리기후변화협약 등 세계적 관심이 쏠린 국제회의를 전 세계 팩트체커들이 동시다발적으로 검증하는 팩트 '체커톤'check-a-thons도 새로운 형태의 팩트체킹으로 자리매김했다. 또 미국의 폴리티팩트와 남아공의 아프리카체크가 국제적인 보건과 개발 분야 이슈를 검증하기 위해 협업을 시도하고 있다.

이처럼 팩트체킹은 외형과 내용 양측 면에서 압축적인 성장을 보여줬다.

성장에 따른 책임도 커지는 것은 두말할 나위도 없다.

빌 어데어 교수는 컨퍼런스 개회사를 통해 "팩트체킹은 더 이상 새로운 것이 아니고, 사람들에게 팩트체킹이 무엇인지 더 이상 설명할 필요가 없을 만큼 저널리즘의 성숙한 형태로 자리 잡았다"면서 "이제 우리의 저널리즘을 다음 단계로 이동시킬 때가 됐다"고 말했다. 이를 위해 불편부당하고 초당파적인 태도와 팩트체킹 활동에 대해 투명하게 공개할 필요가 있다고 덧붙였다. 공개 내용으로는 검증 과정에서 사용한 소스는 물론이고, 어떤 방법을 통해 결론에 도달했는지, 심지어는 팩트체킹 그룹의 자금조달 방법까지 투명하게 공개할 필요가 있다는 것이 빌 어데어 교수의 주장이다.

미국 팩트체커들, "트럼프를 어찌할꼬"

—

2016년 컨퍼런스에서는 미국 대선 주자인 도널드 트럼프가 단연 화제에 올랐다. 그도 그럴 것이 주요 정치인들의 의미 있는 주장에 대해 진위여부를 가리는 것이 팩트체킹의 주요 활동인데 트럼프는 사실이 아닌 발언을 끊임없이 쏟아내는 대표적인 정치인이기 때문이다.

일부 참석자들 사이에서는 트럼프 같은 정치인들은 팩트체킹 활동마저 무시하기 때문에 팩트체킹의 효용성이 떨어지는 것 아니냐는 우려도 내놓았다.

하지만 경륜이 있는 팩트체커들은 한 목소리로 트럼프 같은 정치인의 등장이야말로 팩트체킹이 더욱 필요하다는 것을 보여주는 사례라고 설명했다.

〈워싱턴포스트〉의 팩트체킹 칼럼니스트 글렌 케슬러는 "팩트체킹은 정치인의 태도를 바꾸는 데 의미가 있는 게 아니라 사실관계를 정확하게 밝혀 유권자들의 이해를 넓히는 데 있다"고 말했고, 폴리티팩트의 엔지 홀란 편집장은 "트럼프가 아주 특이한 정치인임에 틀림없지만 그럴수록 평상시의 방식대로 지속적으로 팩트체킹을 하는 것이 중요하다"고 말했다.

빌 어데어 교수 역시 "일부 학자들은 트럼트 같은 정치인들 때문에 더 이상 팩트가 의미가 없는 '탈 진실'의 시대가 도래한다고 말하지만 내 생각은 다르다"면서 "우리가 트럼프의 거짓말에 대해 알 수 있는 이유가 바로 성장하는 팩트체커들의 엄청난 활동결과"라고 말했다. 기본적인 팩트마저 무시하는 트럼프 같은 정치인의 등장이야말로 팩트체킹의 존재 의미라는 것이다.

미국 3대 팩트체커들과 트럼프 현상을 논하다
—

제3회 글로벌 팩트체킹 서밋에서 100여 명이 넘는 참석자들 가운데 특히 많은 이들의 주목을 받은 사람들이 있다. 미국 내 3대 팩트체커 가운데 언론계의 노벨상이라 불리는 퓰리처상을 받은 바 있는 폴리티팩트 팀원들과 〈워싱턴포스트〉 글렌 케슬러 기자다. 이들은 이미 미국 내에서 팩트체킹 분야의 강자로 자리매김한 지 오래다. 세계적으로도 유명세를 떨치고 있다. 팩트체킹 저널리즘 관련 세미나와 컨퍼런스 등이 열릴 때면 이들을 초청하려고 각 나라에서 많은 공을 들이기도 한다. 미국 정치권에서는 이들을 위한 브리핑 자료를 따로 마련하기도 하고, 백악관에도 팩트체커를 위한 담당자를 별도로 두기도 한다. 그만큼 미국 정치에 있어서 팩트체킹은 반드시 거쳐야 할 필수 코스처럼 여겨지고 있는 셈이다. 제3회 글로벌 팩트체킹 서밋에서 이들과 따로 만날 수 있는 시간을 가졌다. 특히 당시는 미국 대선이 한창이던 때라 이들이 보는 트럼프 현상에 대한 생각이 궁금했다.

글렌 케슬러는 북한 문제나 외교 분야 전문가로 국내 언론계에도 꽤 알려진 중견 언론인이다. 하지만 지난 2011년 이후 그는 〈워싱턴포스트〉를 대표하는 팩트체커로 변모했다. 미국 내 유력 정치인들의 발언을 검증한 뒤 이를 칼럼으로 써왔고, 피노키오 지수를 도입해 더욱 유명해졌다. 글렌 케슬러에게 피노키오 네 개(새빨간 거짓말을 의미함)를 받은 정치인은 거짓말쟁이로 찍히지 않기 위해 자신의 주장을 수정하거나 다시는 언급하지 않는 방식을 취하곤 했다. 하지만 도널드 트럼프처럼 네 개의 피노키오를 숱하게 받고도 아무렇지도 않게 또 다른 거짓 주장을 하는 특이한 경우도 있다.

글렌 케슬러에게 팩트체킹을 하는 데 있어서 가장 중요한 원칙이나 가치에 대해 물었다. 케슬러는 "팩트체킹은 정치인들의 행동을 변화시키는 데 목적이 있는 것이 아니다. 팩트체킹의 목적은 무엇이 진실이고 무엇이 거짓인지를 정확하게 밝혀 유권자들의 이해의 폭을 넓히고 올바른 선택을 할 수 있도록 돕는 데 있다"고 답했다.

당시 돌풍을 일으키고 있던 '트럼프 현상'을 묻지 않을 수 없었다. 팩트체킹을 완전히 무시하는 트럼프 같은 정치인에 대해서는 어떻게 생각하느냐고 단도직입적으로 물었다. 케슬러의 답은 흔들림이 없었다.

"정치인들의 과장과 거짓말은 좀처럼 멈추지 않는다. 팩트체킹 결과를 받아들이지 않는 것은 팩트체커의 문제가 아니라 트럼프의 문제다. 그가 받아들이지 않는다고 해서 팩트체킹이 의미가 없는 것은 아니다. 그의 거듭된 거짓말은 궁극적으로 그의 이미지와 신뢰도를 크게 훼손하게 될 것이기 때문이다."

케슬러가 유명해진 이유 중 하나가 피노키오 지수이긴 하지만 그런 평가 틀이 꼭 필요하다고 보는지도 궁금했다. 그는

"미국 내 정치인들이 토론을 하면서 '너의 주장은 피노키오 네 개를 받지 않았느냐. 그러니까 새빨간 거짓말이다', 이렇게 주장하는 경우도 종종 있다. 수많은 팩트체커들이 훌륭한 활동을 하지만 시간이 지나면 금방 잊히기 마련이다. 그러나 피노키오 지수처럼 평가 시스템을 도입하면 언제든지 사람들이 이를 언급하면서 오래 기억될 수 있고, 또 쉽게 이해할 수 있게 만든다. 이처럼 평가 시스템은 팩트체킹 결과를 효과적으로 요약하고, 사람들 기억 속에 오래 남는다는 점에서 중요하고 효율적인 수단이라고 본다"고 설명했다.

중견 기자 출신으로서 전통적인 저널리즘과 팩트체킹 저널리즘의 차이나 공통점에 대한 견해도 들어봤다. 케슬러는 둘의 관계를 협업 관계로 설명했다. 알기 쉬운 예도 함께 소개했다.

"〈워싱턴포스트〉에 의회를 담당하는 직장 동료가 있는데 그 친구는 의회에서 정치인들의 중요한 발언이나 주장을 소개하고 해설하는 기사를 쓴다. 하지만 나는 그들 발언 중에 의미 있는 것에 대해 참과 거짓을 가린다. 그것은 의회를 담당하는 기자에게도 유용하다. 그래서 서로 경쟁하기보다는 협조적 관계를 유지할 수 있게 된다."

앤지 홀란은 현재 미국 내에서 가장 광범위한 네트워크와 영향력을 갖고 있는 팩트체킹 조직인 폴리티팩트의 편집장이다. 빌 어데어 교수와 함께 2007년 창립 당시부터 폴리티팩트에 참여해 현재 편집장으로 조직을 이끌어오고 있다. 젊은 시절에는 폴리티팩트의 모태라 할 수 있는 '템파베이타임즈'에서 4년의 기자생활을 경험하기도 했고, 연구원으로 활동하기도 했다. 그러다가 2007년 당시 템파베이타임즈 워싱턴 지국장으로 일하던 빌 어데어 교수가 미국 대선을 앞두고 새로운 접근법을 고민하다가 팩트체킹 팀을 꾸리게 됐고, 여기에 참여하면서 팩트체킹에 본격적으로 뛰어들게 됐다. 앤지 홀란에게도 팩트체커나 팩트체킹을 하는 데 있어서 가장 중요한 것이 무엇인지를 먼저 물었다. 홀란은 "팩트체킹에 있어서 중요한 요소들이 많은데 꼭 한 가지를 꼽는 것은 매우 어려운 일이다. 그러나 가장 중요한 원칙 하나만을 들면 철두철미함 Thoroughness이라 생각한다. 모든 가능성에 대해 빠지지 않고 완벽하게 조사하는 철두철미함이 팩트체커에게 있어서 가장 중요한 원칙이자 자질이라 생각한다"고 답했다.

홀란에게도 케슬러에게 물었던 것처럼 팩트체킹 자체를 무시하는 트럼프 같은 정치인에 대해 어떻게 생각하는지 물었다. 홀란은 트럼프 같은 정치인이 다른 정치인들과 달리 아주 독특한 것은 사실이지만 그렇다고 팩트체킹이 무의미해지는 것은 아니라고 강조했다.

"보편적으로 팩트체킹을 통해 거짓 주장이 드러나면 정치인들은 발언을 수정하거나 사과를 하지만 트럼프는 전혀 다르다. 자신의 주장이 틀렸다는 것을 알면서도 잘못된 주장을 반복하기 때문에 보통의 정치인들과 다른 점은 분명하다. 하지만 그럴수록 통상적인 절차에 따라 팩트체킹을 꾸준히 하는 것이 더욱 중요하다고 본다."

자동화된 검증이나 실시간 검증 등 기술의 진보가 팩트체킹에 미칠 영향에 대한 홀란의 생각이 궁금했다. 홀란은 기술의 진보에도 불구하고 팩트체커들의 독특한 영역은 여전히 의미 있을 것으로 평가했다.

"일부에서 정보통신기술의 빠른 성장이 팩트체킹 활동도 대체할 것이라는 주장이 있지만 컴퓨터나 인공지능은 어떤 사안이나 정치적 발언에 대해 비판적인 시각으로 접근하지 못한다. 단순한 사실관계를 확인할 수는 있지만 비판적 시각을 갖진 못한다는 의미다. 따라서 이번 컨퍼런스에서도 언급된 적이 있는 '클레임버스터' 같은 컴퓨터 시스템의 도움을 받을 수 있지만 여전히 팩트체커의 활동은 중요하다고 생각한다."

정치적 논란이 극심한 한국적인 토양 위에서 팩트체킹이

쉽지 않다는 평가에 대해 홀란은 지속적인 노력이 더욱 절실하다고 충고했다.

"팩트체킹은 선거 때만 잠깐 하는 것이 아니라 꾸준히 지속하는 것이 중요하다. 여러 나라 경험을 봐도 선거 때는 잠깐 팩트체킹 활동을 하다가 선거가 끝나고 나면 활동을 멈추는 경우가 적지 않다. 특히 정치적으로 논란이 많은 사회일수록 정중한 태도를 유지하면서도 지속적으로 팩트체킹 활동을 이어가는 것이 중요하다고 생각한다."

홀란의 말처럼 '정중한 태도로 지속적인 활동을 이어가는 것'이야 말로 한국 상황에서 어렵지만, 반드시 필요한 것이 아닐까.

성공과 좌절, 경험을 나누다

—

이틀 동안 진행된 3회 컨퍼런스는 다양한 프로그램으로 진행됐다. 가장 먼저 각 나라의 팩트체커들이 자발적으로 참여해 성공담과 실패담을 공유하는 시간이 마련됐다.

이 자리에서 폴리티팩트처럼 경력이 오래된 조직이나 만들어진 지 1~2년밖에 되지 않은 신생 조직들이 각자의 처지에서 겪은 다양한 경험담을 공유했다. 특히 경험 많은 팩트체킹 조직의 크고 작은 실패담은 후발 주자들에게 훌륭한 반면교사가 되는 분위기였다. 성공담보다 실패담이 더 집중력이 높았던 것도 흥미로운 대목이다.

일례로 브라질 팩트체킹 조직인 '루파' 책임자인 크리스티나 타르다퀼라는 "TV 토론에서 정부 당국자의 주장에 맞서 건강보험 관련 기록과 자료를 시청자들에게 흥미롭게 전달하는 것이 얼마나 어려운 일인지 깨달았다"고 자기고백을 했다. 팩트체킹 자체도 어려운 과정이지만 TV매체의 특성에 맞게 결과를 전달하는 과정 역시 쉽지 않았다는 설명이다.

터키의 팩트체킹 조직 '바투한 엘슨'은 "터키에서 어떤 사건이 발생하면 우리는 경찰이나 앰뷸런스가 오기 전에 보도하는 것이 제한 받고 있다"며 어려움을 토로하기도 했다.

또 미국 '폴리티팩트'는 2015년 라디오에 기반을 둔 팟캐스트를 새롭게 선보일 계획이었지만 현재 보류 상태고, 아르헨티나의 '체쿠에도'는 일반인들을 위한 스마트폰 앱을 출시했지만 정확한 시장 조사에 근거하지 않아 좌절을 맛봐야 했다. 철저한 조사와 준비 없이 무작정 의욕만 앞세워서는 성공하기 힘들다는 것을 보여준 사례다.

스페인의 '엘 오브헤티보'와 우리나라 JTBC의 '팩트체크'

코너처럼 TV방송에 기반을 둔 팩트체킹은 여러 나라에서 공통으로 고민하는 과제다. TV의 강력한 효과를 알고 있음에도 불구하고 대다수 팩트체킹 조직은 여전히 신문이나 온라인 기반에 머물고 있기 때문이다.

모범사례도 소개됐다. 영국의 '풀팩트'는 위키피디아의 창의적 방식을 도입해 자신들의 언론 수용자를 확대했고, 미국의 '폴리티팩트'는 크라우드 펀딩으로 모금된 돈으로 오바마 대통령의 연두 연설 당시 라이브로 주석을 다는 서비스를 제공하기도 했다.

첫날 컨퍼런스 오후 프로그램은 참가자들을 팩트체킹 경험이 많은 그룹과 시작 단계인 두 그룹으로 나눴다. 후발 주자들에게는 팩트체킹의 원론과 방법론을 설명한 뒤 토론을 진행했고, 경험 많은 그룹은 기술의 진보와 팩트체킹의 미래를 주제로 한 심화 토론을 진행했다. 나는 경험 많은 그룹에 속했는데 이 자리에서는 '클레임버스터'처럼 컴퓨터 시스템에 의한 자동적인 팩트체킹 기술의 도입이 향후 팩트체킹 활동에 미칠 상관관계 등을 놓고 참석자들이 열띤 토론을 펼치기도 했다.

팩트체커 행동강령 수립과 '국제팩트체킹데이' 제정

—

팩트체킹 역시 시대의 변화에 민감할 수밖에 없다. 첫날 오후 프로그램 가운데 이탈리아 팩트체킹 조직 '파젤라 폴리티카'의 지오바니 자그니와 아르헨티나 '체쿠에도' 로니 로자스 등의 프레젠테이션으로 진행된 세션에서는 팩트체킹이 일반인들에게 좀 더 흥미롭게 다가가기 위해 다양한 시각적 효과나 소셜미디어를 적극 활용해야 한다는 제안도 이어졌다.

일례로 〈워싱턴포스트〉 한국계 팩트체커인 미셸 예희 리가 도입한 스냅챗을 활용한 팩트체킹의 경우 미국 젊은이들에게 선풍적인 인기를 끌고 있는 스냅챗을 팩트체킹에 접목하면서 폭발적 반응을 보인 경우다.

〈워싱턴포스트〉의 글렌 케슬러는 이 같은 상황에 대해 "후배이자 동료인 미셸의 작업이 얼마나 영향력이 큰 지 잘 몰랐는데 자신의 딸이 먼저 그 내용을 알아보고 자신에게 얘기하는 것을 듣고 소셜미디어의 위력에 대해 다시 한 번 실감하게 됐다"고 털어놓기도 했다. 첫날 마지막 세션에서는 전체 참석자들을 8개 그룹으로 나눠 팩트체커만의 표준을 만드는 문제부터 팩트체킹 경험의 공유, 세계 팩트체킹의 날 제정 등 다양한 주제에 대한 분임토의가 이뤄졌다. 기자가 속한 그룹은 팩트체커의 표준과 원칙을 만드는 것에 대한 토론을 했는데 참석자 대부분 필요성에 동의하는 분위기였다. 만약 팩트체커 규범안(강령)이 만들어진다면 포함될 수 있는 핵심 내용으로는 재원이나 정보, 팩트체킹 결론에 대한 투명한 공개와 팩트체킹 결과가 잘못됐다는 것을 파악했을 때 신속하게 수용하고 수정하는 것 그리고 정치적 중립성을 유지하는 내용 등이 중요하게 언급됐다. 소비자들의 관심을 모을 수 있는 흥미로운 접근법과 팩트체킹의 신뢰도를 높이기 위한 자기 혁신이라는 두 측면 가운데 어느 것 하나도 소홀히 할 수 없다는 의미다.

둘째 날 오전 시간에는 100여 명이 넘는 참석자들끼리 상호 교류할 수 있는 시간을 진행했다. 첫째 날 발표 내용을 지켜본 뒤 관심 있는 주제나 인물을 파악한 뒤 서로 약속 시각을 정해 일대일 면담을 하는 형태로 진행됐다. 나도 이 기회를 활용해 미국의 3대 팩트체커 가운데 두 명과 공식 인터뷰를 진행했고, 아시아권 팩트체커들과는 후발 주자들이 겪고 있는 어려움 등에 대해 의견을 교환했다. 둘째 날 토론 과정에서는 또 팩트체킹의 지속성을 보장하기 위해 어떻게 경영적으로 안정된 기반을 마련할지에 대해서도 많은 고민과 의견 교환이 있었다. 이 주제는 지난 1, 2회 컨퍼런스 때도 중요한 토론 주제로 등장했던 핵심 이슈다. 먹고 사는 문제가 해결되지 않으면 결국 팩트체킹도 구두선口頭禪에 그치기 십상이기 때문이다. 3회 컨퍼런스에서는 크라우드 펀딩(군중 자금 조달)처럼 다수의 참여를 보장하는 방식과 라이센스를 통해 일종의 로열티를 받는 방식 등이 주요하게 소개됐다.

오후 세션에서는 그룹별로 토론했던 내용을 소개하고 팩트체킹 조직의 비전을 공유하는 시간이 주를 이뤘다. 팩트체킹이 저널리즘 분야에서 성숙 단계에 접어든 만큼 전 세계 팩트체커들 역시 한 차원 다른 활동과 자세가 필요하다는 데 공감했다. 구체적으로 무엇을 할 것인지에 대해서는 다양한 의견이 개진됐다.

팩트체킹을 지속적으로 배우고 실천할 수 있도록 교육 프로그램을 만들자는 제안부터 '국제 팩트체킹데이'를 만들어 동시다발적인 퍼포먼스를 하자는 의견도 상당한 공감대를 형성했다. 특히 만우절 다음날 거짓말에 대한 경종을 울리는 차원에서 하거나 각종 시상식이 몰리는 연말, 전 세계에서 '올해의 거짓말'을 선정 발표하면서 주의를 환기시키는 방안 등이 제기됐다.

'Share the Facts'라는 위젯을 팩트체커들이 사용하는 방안에 대해서도 상당한 공감대를 형성했다. 하지만 팩트체킹의

제3회 글로벌 팩트체킹 서밋에 참석한 전 세계 팩트체크 사이트와 조직의 로고 모음.

핵심이라 할 수 있는 불편부당함을 지키고, 끈질기게 진실을 추구하는 태도를 통한 책임 저널리즘의 가치를 구현하는 것이 그 어떤 것보다 우선이라는 데 참석자 모두가 공감하는 시간이었다. 각자의 나라로 돌아가는 팩트체커들의 귀국길에는 무겁지만 반드시 해야 할 숙제가 한 보따리씩 안겨진 셈이다.

컨퍼런스가 끝난 뒤에도 논의는 계속됐다. 우선 일명 팩트체킹데이에 대해서는 다양한 의견 취합을 거쳐 만우절 다음 날로 최종 결정이 났다. 따라서 2017년 4월 2일이 제1회 '국제팩트체킹데이'가 되는 셈이다.

행동강령에 대해서도 가시적인 성과를 보였다. 국제팩트체킹네트워크IFCN: International Fact-Checking Network는 제3회 팩트체킹 서밋이 끝난 뒤 전 세계 팩트체커들에게 사발통문을 돌려 원칙강령을 채택했다. 물론 제3회 서밋에 참석했던 많은 참석자들의 토론 결과를 모은 것이기도 하다. 'IFCN CODE OF PRINCIPLES'이라는 이름이 붙은 5가지 강령에는 ①불편부당함과 공정함에 헌신 ②소스의 투명성에 헌신 ③자금 조달과 조직의 투명성에 헌신 ④방법론의 투명성에 헌신 ⑤개방성과 정직한 수정에 헌신 등을 명시하고 있다.

일종의 언론윤리강령 같은 것이기도 하지만 팩트체커로서 자세와 원칙을 담고 있다는 점에서 차이가 있다. 개인적으로는 다섯 가지 강령 가운데 마지막 항목에 가장 마음이 간다. '정직한 수정'이 사실 말처럼 쉽지 않기 때문이다.

기자 생활을 하면서 집요하게 추적하는 방법이나 근성은 배우지만 자신의 잘못을 곧바로 바로잡는 법은 제대로 교육받지 못하는 것이 언론계의 현실인 듯하다.

그런 점에서 잊을 수 없는 장면이 있다. 2014년 〈뉴욕타임스〉의 정정 기사다.

세계적인 권위를 자랑하는 〈뉴욕타임스〉가 정정 기사를 내보냈는데 그것이 무려 161년 전 자사의 기사 내용을 바로

잡은 것이었다. 당시 제86회 아카데미 최우수작품상을 수상한 영화 〈노예 12년〉의 실제 주인공 솔로몬 노섭Solomon Northup의 자서전이 화제가 됐는데 〈뉴욕타임스〉는 1853년 6월 20일자 기사에서 솔로몬의 성을 '노스럽'Northrup으로, 기사 내용에는 '노스롭'Northrop으로 잘못 기재하는 실수를 범했다고 인정하며 이를 정정했다.

물론 〈뉴욕타임스〉는 "오타에도 불구하고 당시 기사 내용이 그 어떤 기록들보다도 완벽했고 권위가 있었다"며 깨알 자랑을 잊지 않았다. 어찌됐든 161년이 지난 기사의 오타를 바로잡을 수 있는 용기와 열린 사고에 박수를 보낼 뿐이다.

"이런 것을 보도하지 않는 게 언론입니까?"

―

아르헨티나에서 열린 제3회 글로벌 팩트체킹 컨퍼런스에 참가하기 위해 부에노스아이레스행 국제선에서 우연찮게 본 영화가 〈스포트라이트〉다. 미국의 〈보스턴글로브〉라는 신문사의 탐사보도 전문 기자들이 가톨릭 사제들의 어린이 성추행 사건을 파헤치며 교회권력과 지역 유력 인사들, 그리고 언론계 내부와 맞서 싸운 실화에 바탕을 둔 영화다. 저널리즘 본연의 가치와 언론(인)의 사명에 대해 스스로를 다시 살피게 만드는 힘을 지닌 작품이다.

가슴을 후려치는 대사도 아직까지 귓가에 생생하다.

"성직자의 성추행은 신체적 학대를 넘어 영적인 학대예요. 믿음까지 뺏기는 거니까요."

"팀장님 아이가 당할 수도 있었고 내 아이가 당할 수도 있었고 누구든 당할 수 있었어요."

"이런 걸 보도하지 않는 게 언론인입니까?"

영화의 주요 장면들과 지난 3년간 팩트체킹 컨퍼런스에서 만난 열정적인 팩트체커들의 모습이 절묘하게 교차했다. 어려운 환경 속에서도 진실을 향해 한걸음씩 전진하고 있는 팩트체커들이 지구촌 어딘가에 있다는 사실은 큰 위안이 된다.

그러나 당시 컨퍼런스를 오가며 시선을 국내로 돌려보면 위안보다 아쉬움이 더 컸던 게 솔직한 심경이었다. 세월호 참사 당시 '기레기'라는 치욕스러운 오명까지 쓰며 추락했던 한국 언론의 자존감이 얼마나 회복됐는지는 많은 사람들이 의문을 가졌다.

2016년 겨울을 강타한 '최순실 게이트' 전까지는 말이다. 그러나 '최순실 게이트'를 통해 대한민국 언론은 다시 한 번 생존의 길을 찾았고 신뢰를 회복했다. 권력과 자본의 힘에 굴

복하지 않고 진실을 향해 가는 모습을 보이면서 박수를 받았다. 광화문 광장에 모인 시민들이 자발적으로 취재할 수 있게 도와주고, 박수치고, 무료로 음료를 제공하겠다는 카페들이 등장한 것은 실로 놀라운 일이 아닐 수 없다. 언론이 권력과 돈의 단맛에 취했을 때 국민은 철저히 언론을 외면했지만 원래의 역할과 기능을 찾아갈 때 국민들도 지지하고 성원했던 것이다.

이제 외국 영화 얘기가 아니라 국내에서 벌어졌던 현실을 직시해보자.

2014년 연말 이른바 '정윤회 문건' 사건 당시 문건유출 의혹을 받아오던 서울경찰청 정보분실 소속 최모 경위가 극단적인 선택을 하면서 남긴 유서가 큰 파장을 불렀다. 당시 최 경위는 수첩 14장 분량의 유서를 남겼는데 이 가운데 가족들에게 남기는 말을 제외한 8장이 공개됐다. 유족들은 최 경위 죽음이 당시 언론에서 보도된 것과는 달리 억울하다고 판단해 세상에 알려야 한다는 결정을 내렸다. 특히 유서 마지막 대목에서 최 경위는 대한민국 언론을 향해 절규를 한다.

"언론인 들어라. 훌륭하신 분들이 국민의 알 권리를 위해 생활하시죠. 저널리즘! 이것이 언론인들이 존재하는 이유입니다! 부디 잃어버린 저널리즘을 찾아주시기 바랍니다. 나는 새로운 삶에 대한 호기심이 나를 짓눌러 이렇게 극단적인 선택을 합니다."

"이런 걸 보도 않는 게 언론입니까?"라는 외침과 "부디 잃어버린 저널리즘을 찾아 달라"는 절규가 결국에는 동전의 양면처럼 붙어 있는 것이다.

역사에는 만약이 없다지만 만약 당시에 죽음으로 호소한 최 경위의 절규를 받아들여 '정윤회 문건'에 대해 많은 언론이 집요하게 추적했더라면 2016년 최순실 일가의 국정농단은 불가능했을 것이라는 데 이견이 없다. 그러나 정치권과 언론 등 모두가 이런저런 이유와 핑계를 대며 검증을 회피한 결과, 대한민국 전체가 최악의 정치 재앙과 마주하게 되었다.

7
—
한국형 팩트체킹은
어떤 모습일까

팩트체킹이 세계적으로 확산되면서 한국형 모델에 대한 고민이 없었던 게 아니다. 나름의 시도도 여러 차례 있었다. 그러나 아무리 서구의 좋은 모델이라 할지라도 우리 실정에 맞지 않으면 성공하기는 쉽지 않다. 우리 사회의 환경과 문화에 맞는 한국형 팩트체킹 모델을 찾아가는 것이 중요한 이유도 여기에 있다.

시도는 있었지만 뒷심이 부족했다

—

국내에서 팩트체킹에 대한 학술적 연구를 한 대표적인 사례는 2013년 한국언론진흥재단에서 발간한 《저널리즘 공공성 실현을 위한 한국형 팩트체킹 모델 연구》에서 찾을 수 있다. 당시 연구 결과에 따르면 국내에서는 이미 지난 2009년 〈중앙일보〉가 사내에 자체적으로 기사 검증을 위한 팩트체커 제도를 도입했고, 〈조선일보〉, 〈동아일보〉, 〈한겨레〉 등이 비슷한 형태의 검증 제도를 도입하기도 했다.

하지만 당시 도입된 팩트체커는 주로 자체 기사에 대한 사내 검증에 초점이 맞춰져 있었다. 언론사 데스크 기능 일부를 외부 전문가들의 손에 맡겼다는 평가다. 따라서 엄밀한 의미에서 보면, 지금 거론되는 것처럼 사회적 영향력이 큰 주요 인사들의 의미 있는 발언이나 주장에 대한 독립적이고 지속적인 검증 작업과는 거리가 있었다.

그러다가 2012년 제18대 대통령선거를 전후해 다시 한 번 중요한 변화를 맞게 됐다. 당시 〈오마이뉴스〉가 운영했던 '오마이팩트'는 주요 후보자들의 발언이나 주장의 진위를 본격 검증했다는 점에서 현재의 세계적인 팩트체킹 흐름과 정확하게 일치하는 활동으로 평가된다.

또 언론재단 논문에서는 언급되지 않았지만 인터넷 매체 〈슬로우뉴스〉는 세 번에 걸친 대선 후보 토론회에 대한 체계적인 검증을 시도했다. 〈슬로우뉴스〉는 대선 후보자들의 발언에 대한 검증을 하면서 미국 등지에서 사용하는 것과 비슷한 척도를 사용했다. 구체적 지표는 아래와 같다.

- 사실, 대체로 사실 : 사실 혹은 전반적으로 사실이나 일부 틀린 부분이 있음 (예: 숫자가 틀림)
- 거짓, 대체로 거짓 : 거짓 혹은 전반적 거짓이나 일부 맞기도 함 (예: 숫자는 맞으나 인과관계를 잘못 설명함)
- 해석상 논란 : 확정된 사실이지만, 사실의 해석 기준이 정립되지 않은 상태
- 실행력 의문 : 앞으로 뭘 하겠다는 의지를 담고 있어 사실을 확정할 수는 없지만, 선행 행위로 미뤄보건대 실행력이 의문시되는 발언
- 참조 : 위 네 가지 유형에 속하지 않는 발언 유형들을 간단한 메모와 함께 모두 '참조'로 표시하여 분류
- 참조-입증 필요 : 주장자 외에는 사실확인이 어려워 우선 사실 확정 필요한 경우

상당히 세부적인 분석과 검증을 시도한 점은 높게 평가할 만하다.

이 밖에도 당시 대선이라는 특수가 작용해 일부 언론들이 칼럼이나 기사를 통해 팩트체킹을 시도하기도 했지만 선거가

끝난 뒤에 대부분 흐지부지된 점이 아쉽다.

그 이후에도 새로운 시도는 이어졌다. 2016년 총선을 치르면서도 팩트체킹 시도는 다양한 언론매체로 확산됐다. JTBC의 '팩트체크', 〈뉴스타파〉의 '正말?', 〈레이더P〉의 '팩트체커', 〈팩트올FACTOLL〉, 〈일요신문〉의 온라인 투표코너인 '진실 혹은 거짓', 〈오마이뉴스〉의 '오마이팩트' 등이 한국형 팩트체킹 모델을 지향하고 있다. 주요 일간지 가운데도 정기적이진 않지만 팩트체킹이나 팩트체크라는 타이틀을 종종 사용하기도 한다.

최근에는 SBS도 팩트체킹 경쟁에 뛰어든 모습이다. SBS는 지난해 12월 23일 8시 뉴스에 '사실은'이라는 코너를 신설했는데 비록 팩트체킹이라는 구체적인 단어를 사용하지는 않지만 내용적으로는 팩트체킹의 포맷이나 형식을 상당히 많이 따르고 있음을 알 수 있다. 시작 화면에 보면 진실과 거짓을 다섯 가지 등급으로 분류하는 이미지를 사용하고 있는 점도 그렇고 단순한 주장을 옮겨주는 방식이 아니라 주장의 신빙성을 깊이 있게 따져보는 접근방식도 그렇다. 팩트체킹이라는 이름을 사용하든 그렇지 않든 사실검증에 주력하는 언론이 많아지는 것은 매우 환영할 만한 일이라 하겠다.

아무튼 이 가운데 가장 왕성한 활동을 하며 대중적으로 인기가 높은 것으로는 단연 JTBC의 '팩트체크' 코너를 꼽을 수 있다. 2014년에 첫 방송을 시작한 JTBC '팩트체크' 코너는 '뉴스룸'의 간판 코너로 자리 잡았고 2015년 런던 컨퍼런스에서도 소개된 바 있다. 방송내용을 모아서 책으로 엮은 팩트체크 책자도 세 권이나 된다.

다만 주요 검증 대상이 유력 정치인들의 주장이나 발언에 집중하기보다는 너무 다양한 사회적 이슈에 대한 검증을 표방하면서 집중도가 다소 약해진 점이 아쉬움으로 남는다. 정치 공방이나 진영 논리가 강하게 작동하는 한국 사회의 특수한 환경도 적잖은 영향을 미친 것으로 보인다.

그럼에도 불구하고 JTBC '팩트체크'가 국내 다른 언론매체에 비해 확연하게 돋보이는 것은 누구나 관심을 가지는 특정 시기 즉 선거 때만 활동을 하고 마는 것이 아니라 일상적이고 지속적인 검증을 표방했고, 그 약속을 지금도 지키고 있다는 점이다. 이런 활동이 방송뿐 아니라 신문, 온라인 등 다양한 분야로 확산되길 진심으로 희망한다.

최근에는 팩트체킹을 마치 무슨 식당의 '원조'元祖 간판 마냥 활용하는 사례도 적지 않은 것 같다. 팩트체킹을 위한 노력이나 흔적이 전혀 없는데도 너무도 당당하게 팩트체크라는 문패를 붙여서 기사를 출고하는 경우도 종종 찾아볼 수 있다. 완전히 불모지였던 예전에 비하면 이마저도 반갑지만, 자칫 이런 현상이 제대로 팩트체킹을 하려는 노력에 찬물을 끼얹지는 않을까 우려가 되기도 한다. 팩트체킹의 원래 의미나 가치, 철학에 대한 이해는 전혀 없이 그냥 '팩트체킹'이나 '팩트체크'라는 이름만 붙이면 독자들의 신뢰도가 높아지리라고 보는 것은 얄팍한 상술에 불과하다. 원조 간판만 달면 손님이 엄청 몰릴 것이라고 착각하는 것과 마찬가지로 팩트체크라는 이름만 달았다고 해서 뉴스 소비자들이 무조건 열광할 것이라고 생각하는 것 역시 또 다른 착각일 뿐이다. 세계적으로 명성을 날리는 팩트체커들 뒤에는 정말로 많은 시행착오와 노력, 눈물과 땀이 함께 어우러져 있다는 것을 잊지 않았으면 좋겠다.

"한국형 팩트체킹 모델, 절실하다"

—

국내 언론학계에서 팩트체킹의 중요성과 도입의 필요성을 설파해 온 사람으로는 단연 오택섭(고려대 미디어학부) 명예교수를 꼽을 수 있다. 오 교수는 미국의 팩트체킹이 어떻게 시작돼 빠르게 정착할 수 있었는지에 대해 조사하고 연구해 국내에 소개한 것은 물론이고, 한국형 모델 개발에도 지대한 관심과 노력을 기울였다.

오 교수와는 직접 만나서 얘기도 나눠보고 2015년 '제2회 글로벌 팩트체킹 서밋' 당시 출고 기사에 인터뷰를 함께 소개하기도 했다. 오 교수는 국내 언론계나 학계에서 팩트체킹 도입에 좀 더 적극적인 태도로 임하길 늘 촉구했다. 그는 "전 세계에서 활동하는 팩트체킹 조직이 60개가 넘는다는 것은 대단한 발전이다. 어떻게 보면 죽어가는 신문(언론)을 다시 살릴 수 있는 신약이 될 수 있을 것 같은 기분이 들 정도"라고 평가했다. 빌 어데어 교수와 마찬가지로 팩트체킹이 저널리즘의 새로운 영역으로 확실하게 자리매김하고 있다는 데 이견이 없다.

오 교수는 전통적인 언론사 내부의 사실확인과 팩트체킹의 차이점에 대해서도 분명한 차이가 있다고 진단했다.

"그동안 일상적으로 언론이 사실을 확인하고 기사화하는 것은 지나치게 주관적이었다. 뚜렷한 근거 제시도 없이 틀렸다거나 맞다는 식으로 얘기했다. 하지만 미국을 중심으로 한 팩트체킹 과정을 보면 팩트체커는 정치인들의 발언을 놓고 수많은 자료와 인터뷰 등을 통해 철저하게 검증 작업을 거친다. 그리고 그 모든 과정과 근거까지 자세히 밝히고 있다.

프로세스가 투명하게 공개됨으로써 신뢰도가 높아지고, 많은 사람들이 공감하게 되는 것이다."

국내에서는 JTBC의 시도와 노력에 대해 상당한 기대감을 보였다.

"우리나라에서 이런 부분(팩트체킹)이 약했던 것이 사실이다. 언론인들도 특별히 노력해야 하고, 학계나 연구원 등에서도 특수 과목으로 선정해 정치인의 발언을 검증하는 프로세스를 만들어볼 필요가 있다고 본다. 그리고 다행스러운 것은 JTBC에서 고정 코너를 진행하면서 일반 국민들에게도 많이 알려지고 있다. 국민들이 팩트체킹이 무엇인지 감을 잡았다. 팩트체킹을 할 대상 선정부터 심사 과정 그리고 발표 양식이 글로벌 스탠다드에 맞아 가능성이 있다고 본다. 즐겁게 보고 있다."

팩트체킹이 단순히 선거 때 검증에만 그치는 것이 아니라 선거가 끝난 뒤에도 말을 바꾸지는 않는지 또는 공약을 제대로 지키는지 지속적으로 추적하고 감시하는 역할을 해야 한다는 것도 오 교수의 지론이다.

"팩트체킹도 중요하지만 정치인의 말 바꾸기를 가려내는 것도 매우 중요한 작업이다. 미국 폴리티팩트가 진행하는 '플립 오 미터'Flip-O-Meter가 대표적인 예다. 또한 매니페스토와

연계해 공약수행을 체크하는 것도 매우 중요하다. 따라서 정치인의 주요 발언을 검증하는 팩트체킹과 말 바꾸기를 가려내는 활동, 그리고 공약 사항이 얼마나 지켜지고 있는지를 지속적으로 점검하는 3박자가 어우러질 때 진정한 팩트체킹이 이뤄진다고 볼 수 있다. 이것이 책임언론, 탐사언론 보도의 핵심이다." 한국형 팩트체킹 모델 도입에 대해서는 시간이 날 때마다 강조하고 있다. 하지만 중요한 선거를 앞두고 더욱 절실하다는 것이 그의 생각이다.

'개와 늑대의 시간', 과연 누가 늑대일까

—

지난해 대한민국을 충격에 빠트린 '최순실-박근혜 국정농단' 사건을 겪으면서 많은 사람들은 어디까지가 진실이고 어디까지가 거짓인지 헛갈린 경우가 많았다. 도저히 상식적으로 납득할 수 없는 일들이 사실로 밝혀지기도 하고, 때론 이 과정에서 언론이 또 다시 과장이나 허위 사실을 진실처럼 포장해 보도한 경우도 적지 않았다. 그럼에도 언론이 이 과정을 거치면서 다시 한 번 국민의 신뢰를 받게 된 계기가 된 것은 참으로 다행스러운 일이다. 물론 일부 언론은 국민 신뢰부터 더욱 멀어진 경우도 있다.

아무튼 국민들의 높은 신뢰와 지지를 받고 있는 손석희 JTBC 사장이 주도한 다양한 시도는 연일 호평을 받으며 한국 언론의 새 페이지를 장식하고 있다. '최순실 게이트' 관련 연속 특종은 물론이고 그 이전부터 시작된 뉴스룸의 '팩트체크'는 일찌감치 인기 코너로 발돋움했다.

탐사보도 프로그램인 '이규연의 스포트라이트'도 지난해 '최순실 게이트'를 겪으면서 사람들 마음속에 강하게 자리 잡았다. 단순한 사실 나열이 아닌 깊이 있는 분석과 검증을 앞세우고 있다는 점이 특징이다.

너무 진지하면 재미가 없을 것이라는 일반적 편견을 정면 승부로 깨버린 셈이다.

손석희 앵커(이 대목에서는 사장보다 앵커가 더 적절해 보인다)가 직접 진행하는 '앵커브리핑'도 개인적으로 매우 좋아하는 코너다. 젊은 마니아층도 많은 걸로 알고 있다.

팩트체킹 저널리즘에 관심을 가지면서 손석희 앵커의 앵커브리핑 가운데 두 가지 장면이 기억났다.

첫 번째는 2016년 4월 언론을 개에 비유한 언론학자들의 비유로 풀어갔던 방송 장면이다. 약간은 고전에 가깝지만 언론의 본령이 어떠해야 하는지를 분명히 보여준 장면이다.

정치권력과 자본권력을 감시하는 워치독(감시견)이 있는가 하면 주인(권력)의 무릎에 앉아 애교를 부리며 주는 것만 받아먹는 랩독(애완견), 스스로 기득권에 편입돼 권력을 지키려고 하고 그 속에서 이득을 취하는 가드독(경비견) 그리고 매우 중요한 이슈가 발생했음에도 불구하고 그냥 눈을 감고 있는 슬리핑독까지 언급하면서 이 시대 언론의 역할과 사명이 어떠해야 하는지를 분명히 짚었다.

또 다른 장면은 2016년 10월에 방송된 이른바 '개와 늑대의 시간'이다.

"하루 두 번, 이른 새벽과 저녁 어스름… 붉은 태양빛과 컴컴한 어둠이 교차하는 시간이 있습니다. 저 멀리 다가오는 희미한 그림자가 나를 해치러 오는 늑대인지, 아니면 내가 믿고 의지하는 개인지 분간하기 어려운 순간. 프랑스에서는 사물이 뚜렷하게 보이지 않는 그 순간을 '개와 늑대의 시간'이라 부른다고 합니다."

이렇게 시작된 브리핑은 당시 사회적으로 큰 파장을 불렀던 교육부 고위 공무원의 개돼지 발언으로 이어졌다.

"국민을 위해 존재하는 줄로만 알았던 국가가 거꾸로 시민의 적이 되었던 기억을 잊지 않고 있으며, 그럼으로써 어스름 속에서 개와 늑대를 구분할 줄 알게 된 혜안은 한낱 교육부의 고위 관료 한 사람이 소신이든 망발이든 내뱉은 개와 돼지라는 단어들에 의해 훼손될 것은 아닙니다".

나는 이 비유가 진실과 거짓이 혼재돼 있는 정보 과잉(공해)의 시대 속에 살고 있는 현대인의 삶과 무관치 않다고 본다. 너무 많은 정보들이 쏟아지고, 때론 너무 왜곡된 정보까지 넘쳐나면서 뉴스를 봐도 무엇이 진실이고 거짓인지 구분해 내기가 좀처럼 쉽지 않다.

우리 모두가 어스름의 '개와 늑대의 시간'을 함께 살고 있는 느낌이다.

그렇다고 모든 사람들에게 개인지 늑대인지도 모를 그 무엇이 바로 옆에까지 와서 정체를 드러낼 때까지 기다리라고 할 순 없다. 그래서 가장 먼저 그 정체를 확인하러 쫓아가는 사람들이 바로 언론인이어야 한다.

그것이 만일 늑대일 경우 자신은 비록 물릴지라도 사람들을 향해 피하라고 소리쳐야 하고, 개일 경우 안심하라고 다독거려야 한다.

알랭 드 보통의 책《뉴스의 시대》에는 이런 구절이 나온다.

"우리가 뉴스와 얽힌 정도에 비하면 안타깝게도 많은 언론 기관 내부에는 공정하고 중립적인 '사실'보도가 가장 품격 있는 저널리즘이라는 편견이 광범위하게 퍼져 있다. … 이

'사실'이 지닌 문제는 오늘날 신뢰할 만한 사실 보도를 찾는 데 전혀 어려움이 없다는 것이다. 정작 문제는 우리가 더 많은 사실을 알아야 한다는 데 있는 게 아니라 우리가 접한 그 사실을 어떻게 받아들여야 할지 모른다는 데 있다."

이런 고민을 해결해 줄 수 있는 결정적 단서가 팩트체킹에 있다고 나는 확신한다. 단순한 사실의 나열이 아닌 조각나고 분절된 사실Fact을 모으고 다시 붙여 좀 더 커다란 진실Truth을 찾아가는 과정이 바로 팩트체킹이라 생각하기 때문이다.

눈앞에 다가온 대선, 무엇부터 시작할까

—

대선이 성큼 다가왔다. 당초 12월로 예정됐던 대선 시계가 지난해 연말 광장에 모인 수백만 촛불의 힘으로 훨씬 앞당겨질 것으로 전망된다. 대선 일정은 가시권에 들어왔고, 정치권은 다시 요동치고 있다.

이를 계기로 권력이 집중된 대통령제의 폐해를 거론하며 권력분점과 분권형 개헌논의가 한창이다. 이합집산이 이뤄지고, 어떤 조합이 가장 유리할지 정치인들의 머릿속은 고차방정식으로 복잡하다. 차기 권력에 성큼 다가섰다고 판단하는 쪽도 있고, 판을 흔들어야 기회가 생긴다고 보는 쪽도 있다. 모두들 정치적 유불리만 따지는 모양새다.

그런데 다시 처음으로 돌아가 보자. 지난해 대한민국을 충격으로 몰아넣었던 국정농단 사태는 철저한 검증을 외면했던 '검증 불감증'이 부른 참사였다. 다행히 JTBC 등 일부 언론의 용기 있는 도전은 엄청난 촛불로 이어졌고, 더 큰 농단을 막을 수 있었다. 이것은 물론 더 이상 거짓과 위선으로 가득 찬 권력의 남용을 두고 볼 수 없다는 국민들의 한결같은 마음이 모여서 일군 승리이기도 했다.

그렇다면 다가오는 대선을 위해 무엇을 어떻게 준비해야 할지도 명확하다. 다양한 의제가 있을 수 있지만 나는 이번 대선을 팩트체킹에 일대 도약을 일구는 계기로 삼아야 한다고 본다. 이를 위한 사회적 합의와 준비가 필요하다. 정치권과 언론계, 시민사회 단체가 모두 공감하고 적극 나서야 한다.

개인적으로 정치부 기자 시절 경험한 대형 선거들은 대부분 정책은 사라지고 정쟁만 남는 경우가 많았다. 그 끝은 허무함의 극치였다. 정치부 기자가 그럴진대 이를 관전하는 국민은 더욱 진저리를 칠 수밖에 없었을 것이다. 대선은 특히 더 심하다. 불리한 점을 감추고 상대방 약점을 공격하는 데만 주력한다. 심지어 여론전을 한다면서 공권력도 동원했다.

지난 대선에서 국정원과 국군 사이버사령부가 등장한 것도 바로 이 때문이다.

더구나 이번에 대선 일정이 예상치 않게 당겨질 것으로 보이는 만큼 자칫 철저한 검증보다는 네거티브 공세를 중심으로 하는 과도한 정쟁과 진영 논리, 정치적 유불리에 따른 이합집산이 주요 관심사로 부각될 공산이 커졌다. 이는 정당하지 못한 방법으로 권력을 잡으려는 사람들의 전형적인 수법이다. 이전투구로 싸움만 하는 모습을 보이는 것은 검증을 피하고 많은 사람들을 정치로부터 멀어지게 하는 정치혐오증을 동반한다. 이렇게 해서 이득을 얻는 사람들은 정해져 있다. 최순실 게이트에서 드러난 것 같은 부정한 권력이다.

물론 그동안 주요한 선거를 보도한 언론의 태도 역시 무조건 칭찬 받기는 힘들었다. 철저한 검증보다는 받아쓰기에 익숙한 모습을 보이기 일쑤였다. 때론 진영 논리의 한 쪽에 서서 불편부당한 검증보다는 이들의 논리를 확대 재생산하기에 바쁜 경우도 적지 않았다.

다가오는 대선은 달라져야 한다. 그것이 광화문에 모였던 수백만 촛불에 담긴 국민의 명령이다. 일반인들이 궁금증을 가질만하고, 사회적 의미가 있다고 본다면 철저하게 검증해야 한다. 어렵고 시간이 걸린다고 피하거나 외면할 일이 아

2016년 겨울, 무너진 민주주의를 바로 세우고자 국민들은 광화문 광장을 가득 메웠다.

니다. 그리고 이미 가능성도 봤다. 최순실 게이트를 취재하는 과정에서 언론은 쉽게 타협하지 않고 철저한 검증의 잣대를 들이댔다.

일부 무리수를 둔 취재나 언론사도 있지만 주요한 흐름을 만들어간 것은 결국 정치권력의 부인과 은폐에도 불구하고, 때론 위협에도 굴하지 않고 진실을 추적해간 우리 언론의 노력이 있었기에 가능했다. 등을 돌렸던 국민들이 다시 언론에 관심과 애정을 보인 이유가 여기에 있다. 따라서 다가오는 대선은 언론의 존재 이유를 다시 한 번 검증하는 자리가 될 것으로 보인다.

정치권도 달라져야 한다. 검증을 피하거나 숨기려고 하면 국민의 지지를 얻기가 어렵다는 것을 분명히 각인해야 한다. 언론의 철저한 검증은 당연히 각오해야 한다. 여기에 더해 촛불집회를 통해 한층 성숙해진 국민 눈높이 검증도 통과해야 한다. 이를 위해 정책과 공약을 만드는 것만 고민할 것이 아니라 어떻게 후보와 정당의 진면목을 솔직하게 드러낼지 고민해야 한다.

용기 있는 언론이 앞장서고 당당한 정치인이 물꼬 터야

—

성역이 있어서는 안 된다. 그래서 사실검증은 용기가 필요한 영역이다. 유력한 차기 대선 주자라는 이유로 검증을 회피해서는 안 된다. 반대로 이미 경선에서 탈락할 후보이기 때문에 무시해서도 안 된다. 책의 초반부에도 언급했지만 우리는 이미 겪어봤다. 검증을 회피하고 외면한 결과가 어떤 재앙을 초래하는지를 모두가 알고 있다. '최순실-박근혜'라는 거울이 있기 때문이다.

틀이나 형식은 굳이 정할 필요가 없다고 본다. 언론사 또는 독립적으로 팩트체킹만 전담하는 새로운 검증자가 등장하는 것도 생각해 볼 수 있다. 대학이나 시민사회단체와 협업하는 모델이나 기자협회나 언론재단 등 언론 관련 기관이 주도하는 모델도 생각해볼 수 있다. 물론 언론사 내부에 팩트체킹을 전담하는 별도 부서를 두는 방식도 나쁘지 않다.

다만 정파성을 띠지 않고 불편부당하게 검증할 수 있도록 독립성과 재정적 지원을 마련해주는 것이 필수적이다. 사회적 합의가 필요하다는 것이 바로 이런 대목이다. 다양한 형태의 팩트체커들이 이번 대선에서 많이 등장하길 기대해본다. 검증을 하는 목적과 원칙이 분명하고 투명하다면 국민의 지지도 얻게 될 것이라 확신한다. 조심할 것은 선거 때만 반짝하는 것이 아니어야 한다는 것이다. 선거가 끝나고도 계속적으로 추적 검증할 수 있는 지구력을 갖춰야 한다. 그래서 쉽지 않은 길이다. 선거 때는 검증하는 척 하다가 선거가 끝나면 흐지부지하거나 새로운 권력의 눈치를 본다면 신뢰를 얻기는 힘들 것이 분명하다. 용기 있는 팩트체커들이 대거 등장하길 기대해 본다.

검증의 대상이 되는 사람들은 어떨까. 지금 대선 주자라고 불리는 사람들은 많아야 열 명 남짓이다. 주요 주자만 놓고 보면 손가락에 꼽힌다. 마음먹고 검증하자면 못할 것이 없다고 본다. 도전하는 용기가 필요할 뿐이다.

검증 대상이 되는 측도 마찬가지다. 누구도 검증을 피해갈

수는 없다. 달라진 정치지형과 성숙한 국민의식이 있기 때문이다. 그렇다면 정정당당하게 먼저 수용하겠다는 태도를 보이는 것은 어떨까. 스스로 먼저 내려놓고 모든 것을 검증하겠다는 자세로 승부를 걸면 국민들에게 훨씬 더 호소력 있게 다가갈 수도 있지 않을까 생각한다. 판단은 결국 유권자들이 하게 될 것이기 때문이다. 이번 대선이 정책이나 후보의 능력과 자질, 됨됨이를 놓고 치열하게 팩트를 다투는 선거가 되길 희망해 본다.

진실에는 좌우의 이념대립도, 여당과 야당, 혹은 진보와 보수라는 해묵은 진영논리도 필요치 않다. 진실은 오롯이 그 자체로 어둠을 밝히는 빛이기 때문이다.

"모두가 침묵으로 외면하는 곳에서 내뱉은 진실한 한마디는 권총에서 울린 한 발의 총성과 같다"는 1980년도 노벨문학상 수상자인 폴란드 출신 작가 체스와프 미워시Czeslaw Milosz의 말처럼, 진실이 주는 강력한 울림이 우리 사회를 뒤엎어가길 기대한다.

팩트채킹, 진실을 여는 문

ⓒ 정재철

초판 1쇄 펴낸날 2017년 2월 27일

지은이 정재철
펴낸이 최만영
책임편집 김일수
디자인 박애영
마케팅 박영준, 신희용
영업관리 김효순
제작 김용학, 강명주

펴낸곳 주식회사 한솔수북
출판등록 제2013-000276호
주소 03996 서울시 마포구 월드컵로 96 영훈빌딩 5층
전화 02-2001-5817(편집) 02-2001-5828(영업)
팩스 02-2060-0108
전자우편 chaekdam@gmail.com
책담 블로그 http://chaekdam.tistory.com
책담 페이스북 https://www.facebook.com/chaekdam

ISBN 979-11-7028-126-9 03070

 책담 다른 내일을 만드는 상상

FACT-CHECKING
팩트체킹

진실을 여는 문

정재철 지음

서문

2017년 승리하는 경험을 공유하자!

마중물

—

시골에서 자란 탓에 어린 시절 내 기억 속에는 상수도가 아닌 펌프가 훨씬 더 생생하게 남아 있다. 한여름 뙤약볕에 바짝 말라 있던 펌프를 한 바가지 마중물이 생기 있게 만드는 것은 지금 생각해도 신기하다. 땅속에서 끊임없이 올라오는 시원한 물줄기가 마중물을 통해 생명의 호흡을 얻은 것이다.

미국에서 연수 시절 '팩트체킹'의 진짜 의미를 접했을 때 나의 뇌리를 스친 것도 바로 이것이었다. 우리 언론과 정치를 위해 반드시 도입해야 할 한 바가지 물 같은 느낌이 몰려왔다. 잘 알려지지도 않고, 오가는 여정도 만만찮은 글로벌 컨퍼런스에 자발적으로 3년 연속 참석한 것도 이런 생각 때문이었다.

자존심을 크게 다친 우리 언론을 원래 자리로 되돌리고, 정치를 조금이라도 좋은 방향으로 나가게 하는 마중물이 바로 팩트체킹이 아닐까 하는 생각이다. 부족한 줄 알면서도 책을 출간하는 용기를 낸 것도 내가 보고 들은 것을 조금이나마 나누고 싶어서였다. 그렇기 때문에 이 책에서 다루는 언론(기자)의 모습은 결국 스스로에 대한 성찰이자 자기 고백이다.

광장과 촛불

—

지난해 연말 우리는 좌절과 희망을 동시에 경험했다. 최순실 게이트로 불리는 일련의 국정농단 사태에 많은 이들이 낙담하고 좌절했다. 그러나 광화문 광장을 가득 메운 수백만 촛불은 다시 한 번 가능성과 희망을 안겨줬다. 불통의 정부, 거짓된 권력에 맞서 광장은 소통을, 촛불은 진실을 보여줬다. 자칫 야사野史로 끝날 수 있었던 것을 정사正史로 바꿔냈다는 어떤 이의 평가가 가슴에 와 닿는다.

진짜와 가짜

—

지금 전 세계는 진짜와 가짜가 뒤범벅된 현실 속에서 고민하고 있다. 지난해를 대표하는 단어로 '탈 진실'과 '가짜 뉴스'가 꼽힌 것도 이런 배경에서다. 우리 사회도 예외는 아니다. 청와대 홈페이지에 '팩트는 이것입니다'라는 코너가 등장하고, 재벌그룹 총수들이 청문회에 대비해 팩트체킹을 했다는 얘기도 들려왔다. 정치권에서는 진짜 보수냐 가짜 보수냐를 놓고 공방이 벌어졌고, 민주주의를 놓고도 진짜와 가짜 논쟁이 전개될 정도다. 예전에는 상상도 못 할 일들이 현실 속에서 벌어지고 있다. 가짜가 넘쳐나는 세상에서 더욱 커진 진짜에 대한 갈증이 투영된 결과로 보인다.

뭐든지 시도해보자

—

실패는 잘못이 아니다. 실패가 두려워 아무것도 하지 않는 것이 가장 나쁘다. 언론의 본령을 회복하고, 더 나은 정치를 만드는 일이 얼마나 중요한지 우리는 경험했다. 좌절은 충분하다. 이제는 승리하는 경험을 공유해보자. 이 책이 그런 과정에 작은 울림이라도 될 수 있다면 그것으로 충분하다.

늘 힘이 돼 주는 가족과 팩트체킹에 대한 나의 관심을 지지해 준 〈내일신문〉 동료들, 그리고 빌 어데어 교수를 비롯해 책 속에 등장하는 모든 팩트체커들에게 감사를 전한다.

2017년 1월

광화문에서

인터넷의 발달과 온라인 미디어의 등장, 팩트체킹 강화와 확산에 기여

저자는 현실 정치에 관한 한 진실을 말하기에 전념하는, 뛰어난 저널리스트이다. 민주주의에서 왜 '팩트'가 중요한지 명확히 이해하고 있으며 점점 더 관심을 증폭시키고 있는 '팩트체킹'에 대한 관심도 역시 깊다.

또한 저자는 거짓 주장이 정치에 얼마나 큰 해악을 끼칠 수 있는지, 그리고 저널리스트라면 시민들이 투표할 때 현명한 선택을 할 수 있도록 진실을 드러내야 한다는 것을 누구보다 잘 알고 있다. 전 세계 팩트체커들의 연례 모임인 '팩트체킹 서밋'에 열정적으로 참여해 팩트체킹이 권력을 시민에게 되돌려주는 작업이라는 것에 큰 관심을 보여주었다.

듀크대학교에서 연수를 받으면서 저자는 수업과 발표에 열의를 보였다. 특히 저널리즘과 새로운 형식의 보도에 대해 탐구심을 발휘했으며, '팩트체킹 서밋'에 참석한 전 세계 언론인들과 적극적으로 소통하고 배우는 자세를 보여주었다.

팩트체킹의 필요성을 확신한 저자가 이러한 경험을 토대로 한국 사회에서 저널리스트로서 활약할 모습에 믿음을 갖지 않을 수 없다.

인터넷의 발전은 지금 중요한 국면을 맞고 있다. 과거 10년 동안 인터넷과 저널리즘은 우호적 관계를 유지해왔다. 그러나 오늘날의 발전된 인터넷은 잘못된 정보를 퍼뜨릴 수도 있다. 디지털 시대에 인터넷을 공공의 이익을 실현하는 도구이자 민주주의 사회의 시민들에게 필요한, 중요한 정보를 제공하는 도구로 활용하는 일이야말로 저자를 포함한 이 시대 언론인들의 책무이다.

빌 어데어

듀크대학교 교수

차례

1 팩트가 흔들리는 대한민국

2 거짓말의 정치학, 정치인의 거짓말

3 팩트체킹이란 무엇인가

4 미국 대선과 팩트체킹

5 고수들의 비법전수

6 글로벌 팩트체킹 서밋

7　한국형 팩트체킹은 어떤 모습일까

1

—

팩트가 흔들리는
대한민국

'최순실 게이트' 교훈은 검증 불감증에 대한 경고

—

지난해 대한민국을 뒤흔든 초대형 사건이 있다. 이른바 비선 실세 '최순실 게이트'다.

　대통령을 등에 업은 최씨 일가와 주변 인물들의 국정농단 은 말 그대로 충격이었다. 더구나 사이비 종교집단에서나 볼 수 있는 흔적이 여기저기서 발견된 점은 21세기를 사는 우리 국민 모두에게 부끄러움과 참담함을 안겨줬다. 전 세계 주요 외신들도 대서특필했다. 측근비리에 더해 종교적이고 주술적 요소까지 가미되면서 더 큰 흥밋거리로 변질됐기 때문이다.

　이것만이 아니다. 기업체와 정부 부처, 문화체육계, 심지어 청와대까지 비리의 촉수가 미치지 않은 곳을 찾기 힘들 정도였다. 매일 밤 자고나면 또 다른 의혹이 펑펑 터지는 양상이었다.

정부부처 관계자들은 "다음날 뉴스 보기가 두렵다"고 허탈한 심경을 털어놓았다.

국민들은 촛불을 들었고, 정치권은 요동쳤다. 대통령이 거듭 사과했지만 마음을 되돌리기엔 역부족이었다. 결국 국회의 탄핵까지 당했다. 그 후유증은 지금도 이어지고 있다.

그런데 곰곰이 되짚어볼 대목이 있다. '최순실 게이트'에 대한 원초적 의문이다. 분명한 것은 온 국민이 넋 놓고 그냥 당했던 것이 아니다.

위험 신호는 진작부터 있었다. 비록 그들의 움직임이 은밀했지만, 흔적이 아예 없었던 것은 아니다. 우선 가장 가까운 대통령 가족들이 공개 탄원을 한 바 있다. 하지만 누구도 귀담아 듣지 않았다. 정보기관들은 알고도 모른 채 눈을 감았다.

정치권에서는 지난 2007년 새누리당의 전신인 한나라당 대선 후보 경선을 치르면서 구체적인 정황과 증거가 거론된 적도 있다. 정치권과 언론이 모두 알고 있었다. 그러나 외면했다.

박 대통령은 최씨 일가를 둘러싼 의혹을 제기하는 사람들을 향해 "천벌 받을 짓"이라고 저주를 퍼부었다. 다른 어떤 사안보다 과민하게 반응했다. 하지만 경선에서 이명박 후보가 당선되면서 이 문제는 다시 수면 아래로 가라앉았다.

더욱 치명적 잘못은 지난 2012년 대선을 치르면서도 이 문제를 제대로 검증하지 않았다는 점이다. 그때는 엄연한 여당의 대선 후보였는데도 말이다. 정치권은 물론이고, 언론도 이 문제를 깊이 파고드는 것을 주저했다. 권력의 사유화가 얼마나 위험한지 제대로 짚어내지 못했다. 너나 할 것 없이 진영논리에 빠졌고, 대선게임에만 몰두했다. 또 다시 바로잡을 수 있는 기회를 놓쳤다.

그런데 2014년 다시 한 번 기회가 왔다. 〈세계일보〉가 특종을 한 '정윤회 문건' 사건이다. 이때 비선실세에 대한 구체적인 언급이 나왔고, 권력서열도 최순실, 정윤회, 박근혜 순이라는 충격적인 내용이 포함됐다. 하지만 청와대 권력은 이를 찌라시로 규정하면서 봉합을 시도했고, 언론들도 제대로 검증하지 못했다. 결국 이렇게 서너 차례 검증 기회를 모두 놓치고 흘려버린 결과, 우리 사회가 얻은 것이 대통령 임기 4년차에 터진 '최순실 재앙'이다. 여러 번 찾아온 기회 가운데 단 한 번이라도 제대로 검증하고 필사적으로 막으려 했다면 상황은 달라졌을 것이다.

이처럼 팩트에 대한 철저한 검증은 시간이 걸린다. 때론 서로 얼굴도 붉혀야 한다. 불편하고 시간과 노력이 많이 필요하다고 해서 외면하거나 피해서는 안 된다.

'최순실 게이트'로부터 우리가 진짜 배워야 할 교훈이다.

세월호 참사에서 얻은 언론의 오명 '기레기'

—

한두 마디 말이나 글로는 도저히 표현하기 힘들 만큼 가슴 아픈 일이 있다. 세월호 참사의 상흔을 다시 거론하는 일이 그렇다. 광화문 광장을 지날 때마다 눈길을 어디에 둬야 할지 몰라 힘들 때가 많았다. 유가족들의 표정을 조심스럽게 살피다가 무거운 마음으로 고개를 떨군 적이 한두 번이 아니다. 세월호 참사 당시 나는 국내에 있지 않았다. 미국에서 연수 중이었다. 당시 원활하지 않은 인터넷 사정 탓에 국내 뉴스를 가끔씩 확인하곤 했는데 시차 때문에 세월호 소식을 처음 접한 시각은 늦은 밤이었다. 기울어진 배를 보면서 빨리 구조가 되길 기원했고 당연히 그러리라 믿어 의심치 않았다. 더구나 얼마 지나지 않아 전원 구조됐다는 속보도 접했다. 다행이라 생각하고 잠자리에 들었다.

그러나 다음날 아침 내가 생각한 것과 전혀 다른 세상이 펼쳐졌다. 상황은 180도 달라져 있었다. 기울어진 배는 물속으로 가라앉았고 구조는 제때 제대로 이뤄지지 않았다. 온 국민이 지켜봤지만 300명이 넘는 안타까운 목숨을 앗아가는 참혹한 광경을 막지 못했다.

더구나 이들 가운데 절대 다수가 수학여행 길에 올랐던, 꽃다운 나이의 어린 학생들이라는 사실은 뜬눈으로 지켜보면서도 좀처럼 받아들이기가 쉽지 않은 일이었다.

그래서인지 내 주변의 많은 사람들은 지금도 세월호 얘기를 꺼내기 힘들어한다. 정상적인 우리 사회 구성원들이라면 모두가 각자 마음에 큰 빚을 지고 살아가고 있는 셈이다.

물론 전 과정을 되짚어 보자는 것은 아니다. 그럴 위치에 있지도 않을 뿐더러 자격이나 능력도 안 된다는 것을 잘 안다. 다만 개인적으로 '전원 구조'라는 뉴스를 보고 잠자리에 들었다가 다음날 아침 뉴스를 확인하고 느꼈던 절망감은 언론의 존재 의미를 다시 생각하게 해 준 계기였다.

당일의 오보에 이어 세월호 참사 상황과 구조진행 상황 등을 보도하는 과정에서 대한민국 언론은 다시 한 번 추락했다. 속보경쟁과 선정주의에 내몰리면서 제대로 확인되지 않은 사실이 넘쳐났고, 유가족의 인권과 아픔마저 함부로 짓밟고 상처 입혔다. '알 권리'라는 이름으로 포장된 폭력이었다. 그렇게 얻게 된 언론의 오명이 '기레기'(기자 + 쓰레기)다.

'기레기'라는 용어는 이미 그 이전부터 온라인상에 떠돌던 비속어였지만 세월호를 계기로 이 단어가 기자(사회)를 표현하는 대표 단어처럼 돼 버렸다. 그런데도 제대로 된 반박조차 하지 못할 만큼 실제 현실이 그랬다.

언론사나 매체의 성격에 따라 정치적 견해를 달리할 수는 있다. 다양한 시각을 드러내고 보여주는 것은 어찌 보면 당연한 일이다. 그로 인한 찬반양론이 대립하는 것도 충분히 받아들일 수 있다. 이런 모습은 우리보다 저널리즘 역사가 긴 외국도 마찬가지다. 하지만 가장 기본이라 할 수 있는 사실관계 즉 팩트가 흔들리면 사정은 달라진다. 언론의 존재 의미마저 부정하는 꼴이 된다. 세월호 참사 과정에서 우리 언론이 얻은 평가가 그랬다.

물론 사건현장에서 밤을 새워가며 구조상황과 현장의 진짜 모습을 전하기 위해 애쓴 언론사와 기자들도 분명 있었다. 하지만 다수의 언론매체들이 만들어놓은 잘못된 구도 속에서 이런 노력은 가려졌고 언론계와 기자사회 전체는 국민에게 매도당하고 외면 받는 지경에 이르렀다. 오죽하면 기자들 스스로 기레기 반성문을 쓰고, 기자협회 등 언론단체들이 대국민 사과성명을 발표했을까. 세월호 보도과정에서 드러난 언론의 민낯은 말 그대로 부끄럽고 치욕스러운 모습 그 자체였다. 이것 역시 그 원인을 가만히 되짚어 보면 '팩트'보다 부차적인 요소(속보나 특종 경쟁, 선정주의 등)에 더 몰입한 결과임을 알 수 있다.

뒤틀린 팩트, 바늘 도둑이 소도둑 된다

비단 대형 사건·사고에서만 팩트가 흔들리는 것은 아니다. 우리 사회 곳곳에서 벌어지는 소소한 일상에서도 팩트는 뒤틀리고 왜곡되기 일쑤다. 특히 세계적 권위나 명성 앞에서 우리들은 더욱 검증에 약해지는 모습을 보이곤 한다.

2015년 국내 언론의 대량오보를 만든 한 사례를 보자. 미주언론에 처음 소개된 내용이다.

한인 여고생이 하버드와 스탠퍼드대학에 동시에 입학허가를 받았다는 소식이 전해졌다. 세계적인 명문 대학에 그것도 두 군데나 합격해 절반씩 학교를 다니다가 최종 졸업 학교를 본인이 원하는 대로 선택한다는, 믿기 힘든 내용이었다. 페이스북 창업자인 마크 저커버그가 이 학생이 쓴 논문에 관심을 갖고 전화 통화를 했다는 얘기도 나왔다. 각종 경시대회에서 얻은 상장과 성적표, 그리고 대학 합격증까지 이 기사를 뒷받침하는 근거로 제시됐다. 더구나 학생의 아버지가 언론사 특파원 출신의 기업 임원이었다. 이 글을 처음 보도한 미주언론 객원기자 역시 교육전문 컨설턴트로 알려졌다.

이처럼 그럴 듯한 정황이 맞물리면서 이 뉴스는 별다른 의심도 없이 기정사실로 굳어졌다. 더구나 자녀교육에 관한 열정은 타의 추종을 불허하는 한국의 많은 학부모들이 솔깃할 만한 내용이 아닌가. 국내 언론들은 검증보다는 미주언론을 인용해 경쟁적으로 보도하기 시작했고, '천재소녀'로 포장된 아이는 국내 언론매체에 인터뷰까지 진행했다.

하지만 영원한 거짓말은 없듯이 여기저기서 의혹이 제기됐다. 가장 큰 화제가 됐던 두 대학 동시 합격이 도마 위에 올랐다. 얼마 지나지 않아 동시 합격이 아님은 물론이고(그런 제도를 운영하지 않는다는 두 학교 측의 공식 답변이 나왔다), 학생 측이 사실이라고 제시했던 합격증, 이메일마저 모두 조작된 것으로 드러났다.

나중에 첫 보도를 했던 미주언론이 공식 사과를 했다. 오보였음을 인정했다. 학생의 부모 역시 공식 사과의 글을 게시했다. 여기에는 모든 책임이 아이가 아픈지도 몰랐던 자신에게 있었다는 내용도 담겼다. 이를 두고 학생이 리플리 증후군(현실 세계를 부정하고 허구의 세계만을 진실로 믿으며 상습적으로 거짓된 말과 행동을 일삼는 반사회적 인격 장애)을 앓고 있다는 얘기까지 나왔다. 하지만 그 뒷얘기까지 자세히 추적해 보도한 기사는 찾아보기 힘들었다. 국내언론들은 더 이상 관심을 갖지 않았고 의혹은 슬그머니 지면에서 사라졌다.

학벌 중시 사회에서 세계적 명문대 동시 합격이라는 선정적 헤드라인에만 심취했던 언론의 민낯을 보여줬던 사례다.

창경원 코끼리 임신 소동과 숙청됐던 북한 간부의 건재

—

언론계에 전해져 내려오는 유명한 일화가 있다. 70년대 말 창경원 코끼리 임신 사건이다.

한 일간지 기자가 국내 최초 창경원 코끼리 임신 확인이라는 특종(?)기사를 썼다. 언론계 표현으로 '물먹은' 나머지 언론사 기자들이 사실관계를 확인하기 위해 창경원으로 몰려갔다.

하지만 조련사와 창경원 측에 확인한 바에 따르면 사실과는 거리가 멀었다. 단순히 코끼리 한 쌍이 한 달 전쯤 교접을

했다는 얘기를 우연히 들은 해당 기자가 특종 욕심에 코끼리 임신으로 부풀렸던 것이다. 문제는 그 사실을 확인할 길이 별로 없었다는 점에 있다.

코끼리는 피부가 두꺼워 태동을 확인하는 일이 쉽지 않다. 또 70년대 말이면 코끼리를 대상으로 임신 테스트를 하는 것도 거의 불가능에 가까웠음에 분명하다.

더 큰 '함정'이 있다. 코끼리는 임신기간이 21~22개월가량이나 된다. 2년 가까이 코끼리가 새끼를 낳지 않는다고 해서 누구 하나 뭐라고 할 사람이 없다는 것이다. 이미 모든 사람들의 관심권에서 멀어지고 난 뒤다. 기사를 쓴 기자도 다른 역할로 자리를 옮겼을 개연성도 크다. 그야말로 '아니면 말고식' 보도의 전형이라 하겠다.

이와 비슷한 보도 행태가 북한에 대한 우리 사회의 접근 방식이다.

분단국가인 우리나라에서 북한에 대한 정보는 매우 제한적일 수밖에 없다. 직업상 정보에 대한 접근이 상대적으로 쉬운 기자들조차 북한에 대해서는 한계가 분명하다.

따라서 국가정보원이나 통일부, 청와대 외교안보 라인 등 극소수 취재원을 통해 얻게 되는 새로운 정보가 있을 경우 철저한 검증보다 '일단 쓰고 보자'는 심리가 작동하는 일이 많다.

기사 욕심이고, 속보 경쟁이다. 더구나 오보를 낸다고 해서 소송을 당하거나 언론중재위원회에 제소될 위험도 거의 없다. 북한 관련 기사에 유독 '아니면 말고 식' 보도가 많은 이유다.

부정확한 정보가 사실로 둔갑한 대표적인 예는 숙청당했다던 인물들이 멀쩡하게 다시 나타나는 경우다. 지난해 태영호 주영 북한 공사의 탈북 사건이 남북한 모두에 큰 화제가 됐다.

당시 정부소식통이 이 사건 여파로 궁석웅 북한 외무성 부상이 숙청된 것 같다고 설명했고, 상당수 언론들이 이를 그대로 기사화했다.

그런데 몇 달 지나지 않아 궁석웅 부상이 평양에서 열린 외교단 체육행사를 관람한 내용이 북한 방송을 통해 소개됐다. 일본 언론에서도 그가 정년퇴직으로 은퇴했다고 보도하면서 '숙청설'은 허위로 판명 났다.

이보다 앞서 지난해 2월 일부 국내 언론들은 리영길 전 인민군 참모총장이 처형된 것 같다는 기사를 보도했다. 정보당국 설명이 근거였다. 단순히 정치적으로 제거되는 숙청도 아니고 처형은 훨씬 더 강도가 높은 수위의 사건이다. 그만큼 국내 언론의 관심도 컸다.

그런데 몇 달 뒤인 5월, 7차 당대회에서 리영길의 이름이 다시 등장했다. 당 중앙위원회 정치국 후보위원, 당 군사위원회 위원에 이름이 올랐다. 직책 서열이 다소 낮아진 듯 보이지만 엄연히 처형이 아님이 명확하게 드러난 셈이다.

부정확한 정보를 제공한 정보당국과 이를 추가 확인이나 검증 없이 그대로 보도한 언론이 스스로의 신뢰를 실추시킨 예라 하겠다.

문제의 심각성은 이런 일이 간혹 벌어지는 것이 아니라는 데 있다.

6.15남북정상회담을 기념해 열린 지난해 한 언론토론회에서는 우리 언론의 북한보도에 대한 이 같은 문제점이 다양한 사례와 함께 지적되기도 했다. 이 자리에서 리설주 염문설과 장성택 처형의 연관성, 로두철 망명 등 확인되지 않은 첩보나 소문이 그대로 기사화되는 경우가 지적되기도 했다.

앞서 밝혔듯이 북한에 대한 정보는 매우 제한적이다. 오죽하면 정부 발표나 정보 당국자들의 발언도 다시 의심해봐야 할 경우가 심심찮게 발생한다.

그런데도 '아니면 말고 식' 보도가 횡행하는 근본 이유는 결국 그 대상이 북한이라는 데 있다. 우리 사회는 여전히 반공 이데올로기가 작동하는 분단국가다. 북한에 대한 비판이나 비난은 정확하지 않더라도 크게 문제될 것이 없다는 인식이 깔려 있는 것이다. 하지만 이런 태도는 조금만 고민하면 잘못된 생각임을 금방 알 수 있다.

북한에 대한 기사나 보도를 접하는 언론 수용자들은 북한 주민이 아니라 남한 국민이다. 부정확한 보도로 사회적 혼란이 커지는 것은 물론이고 언론의 신뢰 역시 무너뜨리는 일이라는 점을 생각하면 북한에 대한 보도 태도가 지금과는 많이 달라져야 할 것이다.

조작된 미담은 아름답지 않다

—

언제부터인가 언론에 노출되는 경찰의 미담 기사가 많아지기 시작했다. 강력범죄나 사건·사고를 해결하는 뉴스보다 훈훈한 이웃 같은 경찰 이미지를 보여주는 기사들이었다.

숨겨진 선행이나 미담이 뒤늦게 알려져 화제가 되는 경우가 있다. 이런 소식에 잔잔한 감동을 느끼는 것도 인지상정이다. 하지만 이런 일들이 지나치게 잦아지면 뭔가 석연찮다는 합리적 의심을 해보는 것이 당연한 수순이다. 특히 자발적 참여를 기반으로 하는 소셜미디어를 통해 소개되는 비슷한 양상의 미담이라면 더욱 그렇다.

슬픈 일이지만 실제로 벌어지는 현실도 이같은 합리적 의심을 뒷받침하곤 한다. 네티즌들이 발굴해 자발적으로 소개한 아름다운 미담도 있지만 간혹 연출된 감동이라는 느낌을 주는 일들도 적지 않았다.

일례로 부산의 자갈치시장 인근에서 부두 끝에 앉아 자살을 시도하려는 50대 남성을 뒤에서 감싸 안으며 만류하는 여경의 모습과 따뜻한 후일담까지 담긴 페이스북 사연이 화제가 된 적이 있다. 그런데 사진을 찍어서 페이스북에 올린 사람이 동료 남성 경찰이었다는 소식은 뭔가 석연찮은 느낌을 갖게 한다. 액면 그대로 보자면 삶에 지친 누군가가 자살을 시도하려는 급박한 상황이다. 여경은 만류하는데 동료 남성 경찰은 함께 제지하는 것이 아니라 사진을 찍는다. 그러고 나서 입소문이 날 수 있게 페이스북에 올린다. 너무 앞뒤가 맞지 않고 한가롭지 않은가.

이런 정황 때문에 결국 당시 상황이 미담에 나온 것처럼 급박하지 않았거나 아니면 급박한 상황임에도 불구하고 적극적인 구조보다 미담으로 포장하기에만 급급했다는 비판을 받기도 했다.

또 다른 사연도 있다. 2015년 충북 청주의 일선 지구대에서 벌어진 일이다. 새내기 여경이 택배 기사로 위장해 수배자를 검거하는 데 주도적 역할을 했다는 미담이다. 이 소식은 많은 언론에도 소개됐다. 그런데 나중에 알고 보니 일부러 만들어낸 미담이라는 것이 밝혀졌다.

선배 경찰들이 검거에 참여하지도 않은 신입 여경을 주인공으로 등장시켜 만든 뺑튀기 미담이었다. 수배자에 대한 단순 검거는 표창 대상이 아니기 때문에 사회적으로 관심을 끈 미담으로 둔갑시킨 것이다. 이 밖에도 비슷한 사례는 전국적으로 다양하게 나타났다. 이유는 간단하다. 경찰 지휘부 태도가 결정적 역할을 했다.

지휘부는 경찰에 대한 부정적 이미지 개선을 위해 미담 사례 발굴을 적극 장려했다. 특히 SNS를 통해 널리 회자되는 경우 그에 상응하는 포상까지 뒤따랐다. 경찰청 주간주요업무보고에도 신임 경찰 우수 사례로 이런 내용이 매주 소개될 정도였다.

오죽하면 일선 지구대 등에서는 사건 해결보다 미담 발굴에 더 공을 들인다는 얘기가 파다할 정도였다. 미담을 높이 평가하고 장려하는 것은 건강한 사회라면 당연한 책무다.

하지만 포상이나 승진을 위해 거짓 미담까지 만들어내는 수준에 이른다면 이는 본말이 완전히 뒤바뀐 것이라 할 수밖에 없다. 더구나 살벌한 범죄현장에서 때론 목숨이 위태로울 정도의 위험까지 감수하며 어렵게 범인을 추적하는 강력계 형사들 입장에서 보면 위화감마저 느낄 만한 내용이었다. 결국 경찰지휘부도 이 같은 문제점을 인식해 신임 경찰의 미담을 무리하게 발굴 홍보하거나 포상하는 일을 자제하는 쪽으로 가닥을 잡았다.

물론 세상 살맛나게 하고, 훈훈한 인간미를 느낄 수 있는 미담마저 의심스러운 눈으로 봐야 하는 현실은 무척 안타깝다. 그러나 미담이 아름다운 진짜 이유는 인위적으로 만들어진 것이 아니라 자연스럽게 우러나왔기 때문이 아닐까.

"나무는 꽃을 버려야…" 《화엄경》에는 이런 구절 없다

—

2016년 11월 9일 박근혜 대통령과 자승 조계종 총무원장이 만났다. 당시는 이른바 비선실세로 불린 '최순실 게이트'로 전국이 들끓던 시절이다. 퇴진 압박을 강하게 받고 있던 박 대통령이 불교계 지도자를 만나는 자리여서 언론의 관심도 매우 컸다. 언론은 자승 총무원장이 "민생안정과 국정 정상화가 이뤄져야 한다"는 뜻을 박근혜 대통령에게 전달했다고 소개했다.

특히 이 자리에서 자승 총무원장이 박 대통령에게 전한 경구가 화제가 됐다.

자승 스님은 불교경전 《화엄경》의 '樹木等到花(수목등도화) 謝才能結果(사재능결과) 江水流到舍(강수류도사) 江才能入海(강재능입해)' 구절을 인용하며 "정치권과 국민 모두가 지혜로 삼아야 할 말씀이라고 생각한다"고 말했다.

청와대는 이를 단순 소개하는 데 그친 것이 아니라 친절한 해설까지 덧붙였다. "나무는 꽃을 버려야 열매를 맺고/ 강물은 강을 버려야 바다에 이른다"는 의미라고 밝혔다.

이날 만남에서 오간 얘기는 곧바로 전파를 탔고 활자로 인쇄됐다. 여기까지만 보면 아무런 문제가 없어 보였다. 그런데 이 소식을 접한 한 불교계 인사가 의문을 제기했다.

김영국 연경불교정책연구소장은 자신의 페이스북 등에 "내가 가지고 있는 화엄경에는 그런 구절이 없다. 자승 원장이 보는 화엄경은 내가 보는 화엄경하고는 다른 판본인가? 화엄경 어느 품에 그런 구절이 나오는지 아는 분이 있으면 댓글을…"이라고 적었다. 일부 댓글이 달렸지만 정확한 출처가 나오지는 않았다.

며칠 뒤 〈불교닷컴〉이 직접 검증한 결과를 소개하는 기사를 내보냈다.

〈불교닷컴〉은 《화엄경(대방광불화엄경)》 원문에 자승 원장이 인용했다는 구절은 나오지 않았고, 혹시 판본마다 다른 것은 아닐까 싶어 세 종류를 모두 검색했지만 그 어디에도 찾을 수 없었다고 밝혔다. 또 《법화경》이나 《금강경》, 《화엄경》〈약찬게〉에도 없었다고 전했다.

경전을 잘 아는 전문가들에게 자문을 구했지만 모두 마찬가지였다. 그런데도 거의 모든 국내 주요 포털사이트에는 이 구절이 《화엄경》에 나온다고 지금도 소개돼 있다.

심지어 내로라하는 스님들도 각종 언론기고를 통해 이 문구를 인용하며 《화엄경》 구절로 소개했다. 결국 불교계가 집단 오류를 범한 것일 수도 있는 것이다. 누군가 《화엄경》 구절이 맞다는 것을 입증하지 않는 한 이를 번복하기는 쉽지 않게 됐다.

〈불교닷컴〉은 기사 말미에 "한국 불교를 대표하는 조계종 수장이 경전 어디에도 없는 말을 경전 구절로 오인해 말했다면 그 말의 무게는 깃털보다 가볍게 취급되지 않을까"라면서 "종단의 대표가 매우 중요한 자리에서 정치적 발언으로 우리 사회의 집단 오류를 더욱 고착화시킨 것은 심각한 일이다"라고 꼬집었다.

온라인 거짓 이미지, 국회의원도 속았다

—

어설픈 거짓 주장이나 앞뒤가 맞지 않은 발언은 금세 들통이 난다. 그런데 온라인상에서 이미지를 조작하거나 왜곡해 사람들을 속이는 경우 의외로 쉽게 속는 경우가 많다. 이미지가 주는 강렬함 때문으로 보인다. 지난해 연말 수백만 국민들의 촛불집회가 한창일 때 한 장의 이미지가 인터넷에 떠돌았다. 촛불집회 이후 난장판이 된 거리 사진이라는 설명이 뒤따랐다. 하지만 이 사진은 네티즌들에 의해 곧바로 거짓임이 들통 났다. 2008년 5월 영국 맨체스터 거리에서 축구 경기가 끝난 뒤 훌리건들이 난장판을 벌인 사진이었다. 이를 마치 광화문 촛불집회 이후 사진인 양 꾸민 것이다.

또 다른 경우도 있다. 검찰의 압수수색 사진도 자주 도마 위에 오른다. 무거운 박스를 가득 채운 증거물을 가져오는 것처럼 보이는 사진들이 사실은 텅 빈 것들이라는 주장이다.

검찰은 압수수색 현장을 공개하는 경우가 종종 있는데 네티즌들은 이 박스가 보이는 것처럼 무겁지 않다는 주장을 펼치곤 한다. 천장의 조명 빛이 그대로 아래까지 통과하는 박스 사진이나, 2단으로 쌓아서 들고 오는 박스가 너무 가벼워 위에 놓인 박스가 덜컹거리는 모습을 지적하는 식이다. 네티즌들은 한 걸음 더 나아가 독일 검찰의 압수수색 사진과 비교하면서 설득력을 더해갔다. 그러나 검찰은 이에 대한 해명이나 반론을 펼치지 않아 사실상 수긍하는 태도를 보였다. 이런 정도는 그래도 애교에 속한다.

지난해 대구 달성군 비슬산에서 지름 5미터짜리 '용알' 형상의 둥근 돌 30여 개가 무더기로 발견된 일이 있다. 이를 군청이 홍보하는 과정에서 원래 사진에 군수의 얼굴을 합성해 보도자료를 냈다. 군수가 용알을 껴안고 있는 듯한 모습으로 뒤바뀐 것이다. 이를 해당 지역 언론에서는 그대로 받아썼지만, 나중에 합성사진으로 밝혀졌다.

한술 더 떠 야당의 지도부급 국회의원이 거짓 이미지에 속아 정치 공방의 자료로 활용한 경우도 있다. 지난해 11월 윤호중 더불어민주당 정책의장이 공식회의 석상에서 "트럼프 미국 대통령 당선자가 선거운동을 할 당시 박근혜 대통령을 조롱하며 선거에 이용했다"고 주장했다.

그런데 윤 의원 발언은 한 네티즌이 합성으로 만들어낸 거짓 이미지에 속은 것에 불과했다. 그 네티즌은 트럼프 사진에 자막을 합성한 뒤 "누가 여성 대통령의 미래를 묻거든 고개를 들어 한국을 보게 하라"는 식의 새로운 이미지를 만들어냈다. 그런데 이것을 진짜로 여긴 방송사가 실제 방송에서 보도 했고, 이를 야당 정책위 의장이 공식석상에서 또 다시 정치 공세의 소재로 삼은 것이다. 여당과 청와대가 강한 유감을 나타낸 것은 물론이다.

이미지를 만든 네티즌의 고백이 걸작이다.

"그냥 별 생각 없이 웃자(웃긴 자료)로 만든 짤(짤림 방지의 줄임말로 주로 사진을 의미)이었는데, 졸지에 야당 국회의원과 방송사를 낚아버렸다."

팩트체킹을 소홀히 한 언론과 정치권에 대한 경종이 아닐 수 없다.

흔들리는 사실관계, 대한민국은 불신 국가

—

팩트가 흔들리면 신뢰도가 추락한다. 너무나 당연한 명제다. 그런데도 우리 사회 곳곳에서는 지금도 팩트체킹(사실검증)을 불편해한다. 때론 사실관계를 왜곡, 조작하는 일까지 벌어지고 있다. 정치권은 물론이고 공공기관이나 공직사회, 심지어 종교계도 마찬가지다. 이런 일이 반복되고 장기간 축적되면 국가 전체의 신뢰도에도 악영향을 미칠 수밖에 없다.

세계적인 PR컨설팅 회사인 에델만의 신뢰도 지표조사

Edelman Trust Barometer 2015년 결과를 보면, 한국은 27개 조사 대상국 가운데 18위(47포인트)를 차지해 불신 국가 범주에 속하는 것으로 평가됐다. 신뢰도 종합점수는 2014년에 비해 4포인트 하락한 수준이다.

기업, 정부, 미디어, NGO 4대 기관별 신뢰도 평가에서 정부 신뢰도(33%)가 전년 대비 12포인트 감소해 4대 기관 중 가장 큰 하락세를 보였다. 평가 대상 27개국 정부 신뢰도 중에서도 가장 급격한 감소폭이다. 기업 신뢰도(36%, -3 포인트)는 전년 수준에 머물렀지만, 글로벌 기업 평균 신뢰도(57%)에 비해서는 현저히 낮은 수치를 기록했다.

일반 소식 및 정보 습득 채널에 대한 신뢰도 평가에서는 온라인 검색 엔진(61%)과 전통 미디어(61%)가 균등하게 가장 높은 신뢰도를 보였다. 그 뒤를 소셜미디어(49%), 하이브리드 미디어(47%), 기업 자체 미디어(43%)가 뒤따랐다.

언론의 신뢰도에 대해서는 한국언론진흥재단이 영국 로이터저널리즘연구소와 공동으로 연구한 '한국 뉴스 생태계의 현 주소를 보여주는 10가지 지표'에 잘 나와 있다.

이 조사에 따르면 한국 뉴스 소비자들이 '뉴스를 거의 항상 신뢰할 수 있다'고 답한 비율은 조사 대상 26개국 가운데 하위 수준인 22위였다. 특히 한국의 35세 미만 젊은 층의 경우 뉴스에 대한 불신도가 훨씬 높은 것으로 나타났다. 이들 가운데 '뉴스를 신뢰 한다'고 답한 응답자는 10%에 불과했다. 35세 이상 연령대에서 뉴스를 신뢰한다는 답변이 28%로 집계된 것과 현저한 차이다. 뉴스에 대한 불신이 뉴스 미디어에 대한 불신으로 이어진 셈이다.

이처럼 정부와 미디어마저 신뢰도가 급락하는 상황이라면 국가의 신뢰도는 휘청거릴 수밖에 없다. 신뢰의 위기는 다른 어떤 위기보다 치명적이다. 더구나 국가 전체의 신뢰도가 의심받는다면 그것은 단순한 위기를 넘어서 재앙 수준이라 할 수밖에 없다.

최순실이 되살린 언론의 존재 의미

—

앞서 언급했듯이 반드시 해야 할 검증을 외면했던 결과가 '최순실 게이트'로 나타났다. 우리 사회 전체에 대한 통렬한 경고음이다. 권력을 완벽하게 사유화하기 전에도 이미 몇 차례 징후가 있었다. 그 길목에 정치권과 언론, 사정기관까지 있었지만 모두가 눈감고 방치한 결과다. 초기에 막았으면 쉽게 저지했을 사안이 엄청난 재앙으로 커졌다. 단순 비리사범 정도에서 그칠 일이 국가를 농단하는 괴물이 된 셈이다.

그나마 다행스러운 대목은 '최순실 게이트'가 다시 언론의 존재 의미를 확실하게 각인시켰다는 점이다. 세월호 참사 이후 2년여 동안 몰락을 거듭했던 한국 언론이다.

그런데 지난해 연말을 계기로 부분적으로나마 다시 국민들에게 신뢰를 받기 시작한 것은 매우 다행스러운 일이다. 〈한겨레〉가 포문을 열고, JTBC와 〈TV조선〉이 주거니 받거니 특종 경쟁을 벌였다. 또 다른 많은 매체들이 실명으로 이들의 기사를 반영하는 구조였다. 20여 년 기자생활에서도 찾아보기 드문 모습이었다.

언론계만 달라진 것은 아니다. 언론을 바라보는 국민의 눈빛도 달라졌다. 권력과 맞서 싸우는 언론을 향해서는 보수 또는 진보라는 성향을 떠나 박수를 보냈다. 권력의 단맛에 취한 언론에 대해서는 철저하게 외면했다.

광화문 촛불집회 현장에서 JTBC 기자들은 환영을 받고 박수까지 받았다. 공짜로 차와 음식을 제공하겠다는 카페와 식당들도 앞다퉈 생겨났을 정도다. 스포츠나 연예인 스타 군단 같은, 이른바 팬덤을 형성한 것이다.

반면 초라한 모습도 등장했다. 집회 현장에서 쫓겨나는 지상파 방송 기자들의 쓸쓸한 모습은 국민의 신뢰가 어디로 움직이는지를 여실히 보여줬다.

조각조각 부서진 사실Fact를 모으고 연결해 거대한 진실 Truth을 향해 나아가는 언론 본연의 역할에 충실할 때 국민은 열광하고 아낌없는 지지를 보냈다. 권력과 금력에 맞서는 언론의 제 모습을 되찾은 것이다. 역설적이지만 이것 또한 최순실 덕분이다.